UM JARDIM PARA TCHEKHOV

UM JARDIM PARA TCHEKHOV

Pedro Brício

Cobogó

Sumário

UM JARDIM PARA TCHEKHOV   7

Pedro Brício, dramaturgo insubmisso,
por Daniel Schenker   117

Um jardim para Tchekhov estreou em agosto de 2024 no Teatro do Centro Cultural Banco do Brasil Belo Horizonte.

Texto
Pedro Brício

Direção
Georgette Fadel

Elenco/Personagem
Maria Padilha — Alma Duran
Leonardo Medeiros — Homem/Anton Tchekhov
Erom Cordeiro — Otto
Olivia Torres — Isadora
Iohanna Carvalho — Lalá

Interlocução de dramaturgia
André Emídio e Maurício Paroni de Castro

Iluminação
Maneco Quinderé

Cenário
Pedro Levorin e Georgette Fadel

Figurino
Carol Lobato

Trilha sonora
Lucas Vasconcellos

Preparação corporal
Marcia Rubin

Design gráfico
Luiz Henrique Sá

Assistência de direção
Bel Flaksman

Contrarregra
Wallace Lima

Assistência de produção
Luciano Pontes

Produção executiva
Ártemis

Direção de produção
Silvio Batistela

Produção
Cena Dois Produções Artísticas

Realização
Centro Cultural Banco do Brasil

Patrocínio
Banco do Brasil e Governo Federal

Personagens

Alma Duran, atriz, 65-70 anos.
Isadora, sua filha, médica, 35 anos.
Otto, delegado de polícia, marido de Isadora, 35-40 anos.
Lalá, estudante de teatro, 18 anos.
Homem/Anton Tchekhov.

ATO I

Prólogo

Uma pilha de malas.
Toca uma música instrumental ao fundo, "russa".

Segundo sinal.

Enquanto o público se acomoda, Alma Duran entra e sai da coxia, colocando mais malas na pilha. Ela observa a pilha. Olha para a plateia.

Pede ajuda para um espectador, que sobe no palco. Vai com ele até a coxia, o espectador volta e coloca uma mala bem grande e pesada na pilha. Alma agradece. Pede para ele pegar mais uma mala. O espectador volta com outra mala, coloca na pilha. Alma agradece novamente, diz para ele esperar um pouco. Volta com um buquê de flores, dá para o espectador, agradecendo-lhe pela ajuda. Pede para ele cuidar das flores, para segurá-las um pouco. Faz um sinal para que o homem volte a se sentar na plateia. O espectador volta para sua cadeira, com as flores na mão.

Alma vê um carro vindo na rua. Ela acha que é um táxi. Se posiciona para chamá-lo, mas se dá conta de que é um carro comum. O carro passa. Ela continua arrumando a pilha de malas enquanto espera um táxi.

Terceiro sinal. A plateia se apaga.

Alma olha o céu, pensativa. Olha para o espaço. Começa a falar um texto, ensaiando-o:

ALMA:
"Ah, meu jardim, meu querido jardim... [*recomeça, um outro tom*] ah, meu jardim, meu querido jardim... depois desse outono de chumbo e chuva, você está jovem de novo, cheio de felicidade, e não foi abandonado pelos..."

Vê outro carro.

ALMA:
Táxi! Táxi!!!

O carro passa direto, buzinando.

ALMA:
[*para a plateia*] A peça já vai começar, tá? É só eu conseguir pegar um táxi...

Alma espera o táxi enquanto conversa com a plateia.

ALMA:
É que nós estamos em Santa Teresa, no Rio de Janeiro. Já tentaram pegar um táxi em Santa Teresa?... Praticamente impossível... Se estivéssemos em São Petersburgo...

Buzina de carro.

ALMA:
Carona! Carona!

O carro passa. Alma volta a ensaiar.

ALMA:
"Será que sou eu mesma quem estou aqui? A vontade que eu tenho é dar uns pulos. Sacudir os braços. Só Deus sabe como eu amo esta terra, do mais fundo do meu coração..."

Ela pega o celular para chamar um carro de aplicativo.

ALMA:
Fora da área, claro. E para quê, também. O Uber sempre cancela. Eles aceitam a corrida, chegam ali na subida e [*faz o gesto de apertar botão*] pimba, cancelam a corrida. Têm o prazer de dar falsas esperanças... [*para o espectador*] Ah, vai ter um momento do espetáculo que eu vou te pedir essas flores. Aí você sobe no palco e me dá, tá?... Desculpa incomodar. [*volta a ensaiar*] "Quem dera eu pudesse tirar do peito e dos ombros essa pedra pesada... esquecer meu...

ALMA:
[*bem dramática*] Táxi! Táxi! Pelo amor de Deus...

O táxi para.

ALMA:
Por favor, moço, não vai embora. Me ajuda. Não me diz que você tem uma outra corrida. Eu preciso ir para Botafogo. Morada do Sol. O condomínio. Conhece?

Ouvimos o off do taxista.

TAXISTA:
Claro. Vou cobrar pelas malas, ok? 22,60. É o regulamento. 2,60 por item.

Alma pega uma carteira na bolsa, olha dentro.

ALMA:
Será que a gente pode esquecer o regulamento só por hoje? Ou eu te pago depois. Eu sou ótima pagadora. O senhor me dá seu telefone...

TAXISTA:
A corrida dá uns 35 reais. A senhora tem?

ALMA:
Tenho, tenho, fica tranquilo. Só as malas mesmo. Um descontinho. Muito obrigada. Muito obrigada... qual o seu nome?

TAXISTA:
Vladimir. E o da senhora?

Música. Mudança de luz. Um foco nela. Alma ajeita sua postura de maneira minimalista.

ALMA:
Meu nome é Alma... Alma Duran... o senhor não me conhece?

Música.

Cena 1

Uma sala de um apartamento no Condomínio Morada do Sol. É um apartamento típico de classe média em Botafogo, no décimo oitavo andar. Uma mesa de café da manhã/jantar, um sofá, a porta de entrada, uma saída para a cozinha, um corredor para os quartos. Uma janela por onde vemos o céu e os personagens veem a cidade e a Baía de Guanabara.

No canto da sala, estão as malas de Alma, empilhadas.

É de manhã cedo, Otto passa manteiga num pão. Isadora está na janela.

ISADORA:
Ela tava aqui na janela da sala, olhando pro horizonte. Para a baía. E eu olhava para ela, preocupada, porque ela tava com

uma parte do corpo para fora. E ficava repetindo: "Essa é a vista mais linda do Rio de Janeiro... a mais linda." E eu não queria ficar falando para ela tomar cuidado, pensava: "Eu não vou falar nada. Eu sou a filha, ela é a mãe..."

OTTO:
Claro.

ISADORA:
... Aí ela falava "quero ver melhor a vista" e... se jogava... eu corria até aqui e via o corpo dela caindo, caindo, e quando ia se espatifar lá embaixo, ela planava, como uma folha, uma folha de papel, e ficava em pé. "Você não vem?" E eu: "Mãe, eu preciso trabalhar. Não posso ficar brincando de me jogar da janela. Brincando não, porque eu não gostei nada do que você fez. Você tentou se matar, percebeu?" "Não quer tomar uma cerveja então, Isadora? Você precisa relaxar, minha filha. Há quanto tempo você não toma uma cervejinha?"

OTTO:
[*ri*] A gente toma cerveja quase todos os dias.

ISADORA:
[*voltando para a mesa*] Eu sei.

OTTO:
Você tomou cerveja ontem, na frente dela.

ISADORA:
Pois é, acho que essa parte do sonho foi por isso... passa o pão, por favor.

OTTO:
Esse pesadelo é engraçado também.

ISADORA:
Sim... para quem ouve acho que é...

Som de vento. Eles comem.

OTTO:
Você não viu o requeijão? Eu comprei dois no final de semana, não comprei?

ISADORA:
Não me lembro.

OTTO:
Acho que sua mãe está comendo todo o requeijão, de madrugada.

ISADORA:
Ela não tá bem.

OTTO:
Ela tá me parecendo muito bem. Ontem à noite ela tava escovando os dentes e dançando no banheiro...

Isadora se levanta e caminha até a janela. No caminho, passa pelas malas empilhadas e tenta ajeitá-las.

OTTO:
E essas malas? Quando ela vai tirar daí?

ISADORA:
Você não quis colocar no armário do escritório. Era o único lugar possível.

OTTO:
Não tinha espaço no armário do escritório.

ISADORA:
Você nem liga mais para aqueles troféus.

OTTO:
Eu gosto deles. E no armário tem todas as nossas fotos também, nas caixas. Não tinha espaço para *dez* malas...

Isadora volta para a mesa.

OTTO:
... E como tá a sua terapia?

ISADORA:
Eu só vou falar da minha terapia quando você começar a fazer a sua... Quando você vai começar? Eu não tô brincando. Se você não fizer terapia a gente vai se separar, você sabe.

OTTO:
Uau. Bom dia.

ISADORA:
Bom dia. Tá um dia lindo. Você acha que vai chover?

OTTO:
Não... claro que não vai chover.

Som de vento. Isadora se dá conta de que esqueceu de fechar a janela, volta para fechá-la.

ISADORA:
O seu Antônio me disse que tem um depósito na garagem, do lado da lixeira, para a gente guardar as malas. Tem que levar lá... você leva lá?

OTTO:
[*baixinho*] Hum hum.

ISADORA:
Leva?

OTTO:
Sim.

Otto pega num samovar, que está no canto da mesa.

OTTO:
E isso aqui vai ficar na mesa direto? Por que é tão grande? É para tomar chá, não é?

ISADORA:
É um samovar. Acho que minha mãe está ensaiando com ele...

OTTO:
Eu tenho ouvido umas vozes de madrugada. É uma peça nova?

ISADORA:
Sim, O jardim das cerejeiras. Do Anton Tchekhov.

OTTO:
Russo... comunista?

ISADORA:
[*olha o celular*] Preciso trabalhar. [*se levanta*]

OTTO:
Eu também... Ontem eu quase participei de uma operação em que um dos nossos homens levou um tiro. Na perna. Ninguém esperava. Era um mandado de prisão. Numa padaria. O padeiro ficou nervoso quando a gente entrou, achou que era um assalto e atirou. Com um revólver velho. Mas pegou na perna do primeiro-tenente.

ISADORA:
Meu Deus...

OTTO:
Tinha umas máquinas de caça-níquel na parte de trás da padaria. Ele disse que era obrigado a deixar as máquinas lá. Me pareceu que ele tava falando a verdade. O tenente Anselmo vai ficar um mês em casa, pelo menos. Agora toda vez que acontece alguma coisa com alguém lá da DP, eu fico pensando que poderia ter sido comigo. Um pensamento obsessivo, obsessivo... Antigamente eu não era assim.

ISADORA:
Terapia, meu bem.

OTTO:
Mais útil um colete à prova de balas.

Isadora coloca o celular na bolsa e vai saindo.

OTTO:
Você não vai dizer tchau?

ISADORA:
Tchau, desculpa... e esqueci, hoje eu vou ter plantão.

OTTO:
Não era amanhã?

ISADORA:
Pois é, me confundi... você precisa de umas férias, Otto.

Isadora vai saindo. A porta fica aberta.

OTTO:
A humanidade precisa de um século de férias!

Ouvimos Isadora conversando com uma voz feminina. Otto tenta ouvir a conversa, não consegue. Perto dele, tem um chapéu antigo, de época, outro objeto de ensaio de Alma. Otto experimenta e logo em seguida tira o chapéu.

Lalá, uma estudante de teatro, 18 anos, entra no apartamento.

LALÁ:
Bom dia... desculpa incomodar, eu tenho uma aula com a Alma Duran. A sua esposa disse que eu poderia esperar aqui... e para você acordar ela, por favor.

OTTO:
Não acredito... que horas você marcou com a Alma?

LALÁ:
Oito.

OTTO:
Ela marcou oito com você? É praticamente a hora que ela está indo para a cama... mas que bom que você tá aqui. Achei que a Alma tava totalmente desempregada. [*se toca do furo que deu*] Brincadeira, tô zoando, ela é ótima professora. A melhor. Só um instante... pode tomar um café, se quiser.

Otto vai para o corredor. Lalá observa o samovar. Ela ouve Otto batendo na porta e falando: "Alma!... sogrinha! Tem uma aluna sua aqui!"

Mecanicamente, Lalá tira um maço de cigarro do bolso e põe um cigarro na boca. Vai acender com um isqueiro, se dá conta de que não pode fazer aquilo ali e guarda o cigarro, enquanto Otto volta.

OTTO:
Acho que ela ouviu. Se não vier em cinco minutos, você vai lá e bate na porta.

LALÁ:
Ela não vai ficar chateada?

OTTO:
Ela não marcou com você às oito?

LALÁ:
É melhor eu ir embora.

OTTO:
Fica aí. Toma um café. [*entrando na cozinha*] Quer um copo d'água?... Desculpa, nem perguntei seu nome.

Ouvimos o som dele pegando água na cozinha.

LALÁ:
É Lalá.

OTTO:
[*off*] O quê?

LALÁ:
Laís.

OTTO:
[*off*] Eu já fiz Tablado, sabia?

Otto volta com dois copos d'água.

OTTO:
Posso te fazer uma pergunta, Lalá?...

Ele a observa.

OTTO:
Você faz terapia?... Já fez?

LALÁ:
Já.

OTTO:
É bom?

LALÁ:
Importante...

OTTO:
E você acha que, na minha idade, está tarde para eu começar a...

Ouvimos um barulho de uma furadeira, alto.

OTTO:
... não acredito...

Otto vai até a cozinha. Ouvimos ele bater na parede da cozinha.

OTTO:
[*off*] São oito horas da manhã!

Otto bate na parede, o som para. Ele volta para a sala.

OTTO:
Eu vou matar esse chinês...

Ouvimos uma voz.

VOZ:
[*off*] Vasco!!!

Otto volta para a cozinha.

OTTO:
[*off*] Domingo vai ter bacalhau à portuguesa, ô, china pau! Mengoooooo!

Ele volta para a sala.

OTTO:
Desculpa, mas tem um vizinho chinês, vascaíno, todo dia faz uma provocação... Estou indo. Boa aula.

Otto pega a carteira, chave e sai de casa, batendo a porta.

LALÁ:
[*fala para si*] Está bem tarde para começar...

Otto entra novamente. Encontra o revólver do lado do sofá, numa mesinha. Coloca na cintura, rindo. Lalá reage, assustada.

OTTO:
Eu sou delegado de polícia... Tá tudo bem... acorda lá a Alma.

Otto sai.

Lalá se recupera do susto. Olha para o celular, checa a hora. Tira um livro da mochila. Começa a ler. Olha na direção do corredor.

Lalá se levanta e, hesitante, caminha na direção do corredor. Vê a pilha de malas. A observa. Volta até a mesa, bebe o resto da água. Pensa. Vê o chapéu de época que está sobre a mesa, coloca-o na cabeça. Pega o copo e leva-o até a cozinha, com o livro na mão.

Alma entra na sala, sonolenta. Vai até a janela, abre-a. Sente o vento.

ALMA:
[*ensaia*] "... depois desse outono de chumbo e chuva, você está jovem de novo, cheio de felicidade, e não foi abandonado pelos anjos celestiais..." [*ela ouve um barulho de descarga no banheiro de serviço*] Isadora?... Otto?... [*ninguém responde, volta a ensaiar*] "... quem dera eu pudesse tirar do peito e dos ombros essa pedra pesada... quem dera eu pudesse esquecer meu passado."

Lalá entra na sala, de chapéu. Ela tem um livro nas mãos.

ALMA:
[*no susto*] Tchekhov?

LALÁ:
... Bruna Mitrano.

ALMA:
É uma autora brasileira?

LALÁ:
Sim, uma poeta.

Elas se olham.

LALÁ:
Eu sou a Lalá. Apelido. Meu nome é Laís.

ALMA:
Ah, sim, Lalá... Desculpe o atraso. Eu fiquei acordada até tarde, estudando *O jardim das cerejeiras*... conhece?

LALÁ:
Tchekhov, né? Eu li *As três irmãs.*

ALMA:
Começou muito bem... muito bem... Como era?... [*interpreta*] "A música está tão alegre, tão animada, que dá vontade de viver!... Ah, meu Deus, o tempo vai passar, e nós vamos partir para a eternidade... as pessoas vão se esquecer de nós... vão esquecer nosso rosto, nossa voz, mas nossos sofrimentos vão se transformar em alegria para aqueles que viverão depois de nós..."

LALÁ:
Que bonito...

ALMA:
Eu fiz *As três irmãs*, séculos atrás. Mas sempre gostei de passar esse texto na cabeça, regando as plantas, sabe... E você quer fazer a prova para entrar na UNIRIO.

LALÁ:
É. Vou tentar. Mas não sei se sou uma boa atriz...

ALMA:
Acho que é.

LALÁ:
Como você sabe?

ALMA:
Não sei, intuição. Vamos ver... Vamos começar então?... [*olha a mesa*] Você se importa de eu tomar um café rapidinho? Desculpa, eu me atrasei. Eu atraso, sempre atraso, vou logo avisando, mas o trabalho também não tem hora para terminar... meu relógio é anticapitalista... eu trabalho no tempo mítico.

Alma ri. Ela serve café para Lalá, que tenta fazer um sinal de que não precisa.

ALMA:
[*servindo*] Eu vou te dar essas aulas, mas você tem que saber que é apenas a minha perspectiva. Da cena, da personagem. Eu não sou dona da verdade. Importante você saber como *você* está se sentindo. É importante até você discordar de mim. Me desafiar. Come um pãozinho. [*passa o pão para Lalá*] Você já me viu no teatro?

LALÁ:
Não... desculpa, eu comecei a gostar mesmo de teatro há dois anos. Agora que eu estou indo mais... Mas eu vi no YouTube uma novela que você fez, *Louca paixão*.

ALMA:
Louca paixão? Tem *Louca paixão* no YouTube? Meu Deus, essa novela tem mais de trinta anos...

LALÁ:
Tem num canal clandestino. Eu amei! Você é... não tenho nem palavras... maravilhosa!

ALMA:
Você gostou?

LALÁ:
Muito! Você é uma das maiores atrizes que eu já vi...

ALMA:
[*emocionada*] Você acha? Obrigada. [*dá um abraço em Lalá*] Quer uma geleia?

Alma passa a geleia para Lalá.

ALMA:
Louca paixão, quem diria... me passa o link depois...

LALÁ:
Que personagem é aquela, a Mercedes. Que mulher!

ALMA:
[*nostálgica*] Maria Mercedes...

LALÁ:
Eu amei a cena em que ela expulsa uns grã-finos que tinham ido lá no bar para destruir a reputação dele. Não tem essa cena? E aquela vilã, que tentou envenenar a feijoada...

ALMA:
Teresa Rocha, atriz divina. Narcisa Noronha, era a personagem.

LALÁ:
Narcisa Noronha, que vilã! Terrível. Só que ela não consegue envenenar a feijoada, você entra na cozinha na hora: "O que você está fazendo aí, Narcisa?" E aí a família dos ricaços fica pedindo uma porção de todos os petiscos, o mocinho apaixonado engravatado, suando pela sua irmã, a jogadora de vôlei, que tem aquela moto. E eles ficam reclamando que o pastel de camarão não tem camarão, que o frango a passarinho é só osso, ficam falando mal da comida bem alto, porque tinha um jornalista lá, um crítico de comida de bar. Não era isso?

ALMA:
Sim, era o nosso cenário: o Bar Quinho. [*explica o trocadilho*] "Barquinho".

LALÁ:
Isso! Mercedes e Quinho! E tinha um personagem inesquecível nesse núcleo. Um pianista que morava na Mangueira, só usava terno, um ator preto, lindo, misterioso.

ALMA:
Sim, o Antônio Gusmão... meu querido amigo...

LALÁ:
E ele cantava e tocava no piano: "Quem não gosta de samba, bom sujeito não é, é ruim da cabeça ou doente do pé..." E a Mercedes: "Podem ir! Quem tá doente do pé e da cabeça pode ir!"

ALMA:
[*rindo*] Foi um caco que eu coloquei... eu e o Antônio. Que saudades do Antônio!

LALÁ:
Tudo bem, a novela é meio datada... machista... classista... racista também... maniqueísta... Mas os atores são geniais...

ALMA:
Obrigada.

LALÁ:
... E depois você não fez outras novelas?

ALMA:
[*pequena pausa*] Não...

Um tempo.

ALMA:
Vem cá, você tem um cigarrinho?

LALÁ:
Pode fumar aqui?

ALMA:
A gente pode ser presa se fumar aqui. Esse lugar é uma mistura de quartel com CTI...

Lalá tira o maço do bolso. Alma coloca uma musiquinha no celular, que fica ao fundo, baixinho.

ALMA:
[*dando uma dançada*] Adoro uma musiquinha de manhã...

Alma abre a janela. Uma lufada de vento. Elas fumam.

ALMA:
Você também trabalha, Lalá?

LALÁ:
Eu dirijo um Uber do marido da minha prima, de noite. E no final de semana trabalho de *barwoman* num bar. E fiz um curso de mágica na internet, de vez em quando consigo pegar uma festa infantil.

ALMA:
Já estou vendo que tem uma legião de pessoas aí dentro. Uma multidão de personagens...

LALÁ:
Tomara...

ALMA:
A gente podia escolher algo do Tchekhov para a sua banca... no *Jardim das cerejeiras* tem vários monólogos emocionantes.

LALÁ:
É essa peça que você vai fazer.

ALMA:
É.

Ouvimos novamente o barulho da furadeira. Desta vez, ele soa mais baixo, fica de fundo.

LALÁ:
E estreia quando?

ALMA:
Não tem data ainda. Eu já fiz *O jardim*. Eu fazia a Ánia, a filha da minha personagem de agora. Ganhei um prêmio Molière com o trabalho, atriz revelação.

LALÁ:
Que legal.

ALMA:
E agora que eu tô trabalhando na peça de novo, eu tenho me sentido tão otimista... como se alguma coisa muito boa fosse acontecer, de novo...

Alma apaga o cigarro. Pega um caderno de estudo que está por ali.

ALMA:
Você pode ler?... Respira...

*Alma puxa uma respiração. Lalá segue. Respiram juntas.
O barulho da furadeira cessa.*

Alma passa o caderno para Lalá.

LALÁ:
[*começa a ler*] "O homem deve ter fé ou buscá-la, senão a vida é vazia. Viver e não saber por que voam as gaivotas, por que nascem as crianças, para que existem estrelas no céu... Ou sabemos para que se vive ou então tudo não passa de tolice inútil."

Alma faz um sinal para ela continuar.

LALÁ:
"E se pudéssemos começar a vida de novo e o fizéssemos de modo consciente? E se a vida cumprida fosse uma espécie de rascunho e a outra — a nova — o texto passado a limpo?"

Alma a observa, emocionada.

ALMA:
Amei... amei!... Lalá, você quer viajar comigo?

LALÁ:
Para onde?

ALMA:
Para a Rússia!

Música.

Cena 2

Noite. A sala está decorada com luzinhas e velas, uma atmosfera russa que Alma produziu. Isadora e Otto estão sentados no sofá. Alma adicionou algum elemento à roupa dela, que começa a parecer um figurino de O jardim das cerejeiras.

ALMA:
[*em russo*] Добро пожаловать в нашу русскую пятницу!

[*traduz, épica*] Bem-vindes à nossa sexta-feira russa!

Aqui não há tédio nem repetição, mas paixão intensa e solidão siberiana! Fúria e delicadeza! Revolucionários bolcheviques e oligarcas do petróleo!

Xamãs ancestrais! Perestroika e Gucci! [*ri*]

Estou inspirada hoje...

Isadora e Otto olham para ela.

ALMA:
Isso não tem nada a ver com Tchekhov. E tem. São muitas Rússias... como nós somos muitos também... Mas prestem atenção [*aponta para a janela*] na neve caindo lá fora, na delicadeza de uma cereja que pode brotar numa plantação toda coberta de neve...

ISADORA:
Bravo, mãe. Avança.

OTTO:
[*para Isadora*] O que tem de jantar?

ALMA:

Já que hoje é sexta e nós não vamos sair para nos divertir, que a diversão venha até nós. [*liga a TV*] Eu proponho uma programação especialíssima: de aperitivo podemos ver a série russa Лучше, чем мы. Sinopse: "Uma família em desintegração adquire uma robô de alta tecnologia."

OTTO:

Parece imperdível... vocês se importam de assistirem juntas— um momento mãe e filha — e eu ver o jogo no quarto?

ISADORA:

O jogo não é domingo? Não é domingo que você vai convidar uns amigos?

OTTO:

Domingo é Flamengo e Vasco. Hoje é Vasco e Grêmio... É a disputa pela liderança. Eu tenho que secar o Grêmio.

ISADORA:

Minha mãe preparou um jantar especial pra gente, Otto...

ALMA:

É, meu genro amado, a Matrioska preparou um jantar especial. Não nos abandone, [*indicando a sala*] o teatro está quase vazio...

A campainha toca.

ALMA:

[*interpretando, brincando*] Não abram! Os credores!

Otto abre a porta. Vemos Lalá.

OTTO:
Boa noite.

ALMA:
Lalá, você veio! Que bom! [*vai até a porta*] Entra... Camaradas, essa é a Laís, a Lalá, minha nova aluna, a próxima jovem grande atriz da cidade.

LALÁ:
Obrigada, Alma... Na verdade, eu vim para te agradecer o convite. Eu tô trabalhando no Uber hoje e tava passando por aqui. Mas não posso ficar pro jantar.

ALMA:
Entendi. Você veio para dizer que não vem.

LALÁ:
É.

ALMA:
Entra um pouco, só um pouquinho. Senta aí, vai, 15 minutinhos... vou trazer uma coisinha para você.

LALÁ:
Tá, só posso ficar 15 minutos...

Alma vai até a cozinha.

ISADORA:
Prazer, Isadora.

OTTO:
Desculpa pelo susto do revólver ontem.

ISADORA:
O que que houve?

OTTO:
Eu esqueci o revólver na sala, aí, e ela chegou para a aula...

ISADORA:
Não acredito que você deixou o revólver aqui. A gente combinou que...

OTTO:
Não aconteceu nada. Eu só...

Alma entra na sala trazendo uma tigelinha de sopa.

ALMA:
Aqui, uma sopinha borscht... uma atriz precisa se alimentar.

LALÁ:
Obrigada, Alma.

OTTO:
É gelada.

LALÁ:
Já tomei essa sopa.

ALMA:
Bom, eu tinha preparado uma surpresa para o intervalo entre o frango à Kiev e a mousse de *chocolat*.

OTTO:
Mousse de chocolate? [*para Isadora*] Você que bancou esse jantar?

ISADORA:
Deixa de ser pão-duro, Otto. Se controla.

ALMA:
Fui eu que banquei... Será que a gente pode não falar de dinheiro essa noite? E não brigar?... Na verdade, quem bancou esse jantar foi a Lalá, que me adiantou um mês das aulas que eu vou dar para ela.

ISADORA:
Você pediu o pagamento da aula adiantado?

LALÁ:
[*para Isadora*] Não tem problema... a Alma me deu um superdesconto...

ALMA:
Um descontão...

LALÁ:
[*para Alma*] Tá uma delícia a sopa.

ISADORA:
[*baixinho, para Otto*] Você pode parar de ser chato?

OTTO:
Tá bom. [*para todos*] Olha, queria pedir desculpa para vocês. Eu tô meio chato hoje mesmo. Tive um dia bem pesado. Não vou nem contar, para não assustar vocês. Tá bom? Desculpa.

ISADORA:
Eu também tô chata, desculpa, mãe. Desculpa, Lalá.

ALMA:
Que lindo, tá todo mundo chato, todo mundo nesta casa *é* chato — inclusive eu —, vamos recomeçar: a surpresa que eu queria apresentar para vocês é o texto inicial da minha personagem, Liubov Andréievna Raniévskaia. Liuba. Eu preparei uma cena. Queria a opinião de vocês, meus amados... meus temíveis amados. Vocês têm vontade de ver?... Agora, já que a Lalá não pode ficar?

ISADORA e LALÁ:
... Claro, mãe. / Quero muito.

OTTO:
Show.

ALMA:
[*entusiasmada*] Ótimo! [*enquanto fala, Alma prepara o espaço cênico, ajeita o figurino etc.*] Então... [*em francês*] *Donc*... Eu sou Liuba, uma aristocrata falida, quebrada, que volta diretamente de Paris para sua propriedade tão amada, para o seu jardim das cerejeiras, propriedade também completamente falida, quebrada, prestes a ser leiloada.

Eles olham para Alma.

ALMA:
Sim, qualquer semelhança não é mera coincidência... apesar de eu nunca ter sido aristocrata. Sou uma trabalhadora da arte.

ISADORA:
Sim, mãe.

ALMA:
Mas ela é péssima em administrar o dinheiro dela. Péssima. Pior que eu... A cena começa no final da madrugada, quando eles chegam. "Alvorada cinzenta, mas o sol logo irá surgir."

ISADORA:
Mãe, você não quer começar? Acho que já deu para entender o contexto...

LALÁ:
Merda, Alma.

Alma está agitada. Ela apagou a luz do teto, ligou um abajur. Há uma ou outra vela acesa por ali. Ela fecha os olhos. Tempo. Alma começa um pouco hesitante, mas logo em seguida ganha confiança e faz a cena extraordinariamente bem.

ALMA:
Minha infância. Minha inocência. Era aqui que eu dormia, daqui eu contemplava o jardim, a felicidade me acordava todas as manhãs... [*ri de prazer*] Tudo era tão branco. Oh, meu jardim! Depois desse outono de chumbo e chuva, depois desse inverno mortal, você está jovem de novo; os anjos de Deus nunca te abandonaram... Se eu pudesse tirar de cima de mim esse peso que me esmaga, se eu pudesse esquecer o passado!... [*Alma começa a falar o texto em russo*] А наша Варя остается все той же, как маленькая монахиня... И Дунячу, я сразу узнал... О, мое детство, моя чистота! [*olha pela janela*] Я спал в этой комнате, отсюда я смотрел на сад. Каждое утро счастье просыпалось вместе со мной, а сад остался таким же, как и был, ничего не изменилось!

Silêncio.

Todos batem palmas, impressionados. Isadora ri, feliz.

LALÁ, OTTO e ISADORA:
[*juntos*] Bravo! Bravo! Diva! Maravilhosa! / Muito bom! Essa é uma atriz! / Mãe, que incrível! Você decorou em russo!

Lalá vai abraçar Alma.

LALÁ:
Oscar! Vai ganhar o Oscar!

ISADORA:
Mãe, como você decorou essa parte em russo?

ALMA:
Eu queria sentir a musicalidade original do texto do Tchekhov... Funcionou, não é?

ISADORA:
Muito, sensacional! Vou pegar a sopa.

ALMA:
Vamos comemorar, vamos beber uma vodka!

LALÁ:
Gênia. Gênia!

Ouvimos uma voz, vinda do apartamento do lado.

VOZ:
[*off*] Vasco!!! Vasco!!!

Otto vai até a cozinha.

OTTO:
[*off*] Cala a boca, bacalhau! Volta para a China!

Otto volta da cozinha.

LALÁ:
Ele é chinês?

OTTO:
Sim, um vascaíno chinês, acredita?... Ele fica provocando a gente o dia inteiro. Vocês não ouvem a furadeira? [*projeta*] Grêmio!!! Sabe aquela lojinha de 9,99 na Voluntários da Pátria? É dessa família de chineses. Mas eles têm outras também. No Catete, em Niterói. Estão dominando tudo. Outro dia eu entrei na loja e eles ficaram falando em chinês. Para que aprender português, não é? E ficavam me olhando e rindo de mim. Eu quase mandei a Receita Federal lá, porque é tudo produto ilegal. Vocês estão entendendo? Eles vêm para o nosso país, roubam os nossos empregos, ficam vendendo mercadoria contrabandeada, e ainda vão torcer para o Vasco!?

Isadora coloca a sopa na mesa. Otto olha para Lalá.

OTTO:
Isso não é xenofobia, não. É defesa da lei. Esses comunistas pseudocapitalistas estão quebrando a indústria no mundo todo. Você tá de que lado?

LALÁ:
Nesse assunto?... Tô do lado de fora. E do lado de dentro.

OTTO:
[*se serve de sopa numa tigela*] Sei... Vou ver o jogo... Foi sensacional a cena, Alma... essa peça vai ser um sucesso.

LALÁ:
Preciso ir também.

ALMA:
Não, fica mais um pouco...

ISADORA:
Quer uma cerveja?

LALÁ:
Não posso, tô dirigindo.

ALMA:
Isadora, traz um mate para ela. Senta só mais um pouquinho, Lalá. Assim você não dorme no volante...

Isadora sai para a cozinha. Alma faz um sinal para Lalá acender um cigarro. As duas fumam na janela, escondidas.

ISADORA:
[*off*] Mãe, são quantos atores em cena?

ALMA:
Quinze. Mas dá para fazer com 11.

ALMA:
Sabia que a Isadora era ótima atriz?

ISADORA:
[*off*] Mãe, não exagera...

OTTO:
[*off*] Eu também era um grande ator!

ALMA:
Atriz e cantora... Ela tem muito mais talento que eu...

ISADORA:
[*voltando para a sala*] Olha o mate!!!

Alma e Lalá jogam os cigarros pela janela.

LALÁ:
Jura, Isadora?

Isadora reage sorrindo, indicando que a mãe está exagerando.

LALÁ:
Canta aí, Isadora.

OTTO:
[*entrando*] A TV do quarto quebrou, vou ter que assistir o jogo aqui.

ISADORA:
Peraí, Otto...

OTTO:
Posso assistir aqui?... Vocês estão fazendo o quê?

ISADORA:
Vem cantar com a gente, Otto. Esquece um pouco essa macharada correndo atrás de uma bola. [*para Lalá*] Já ouviu Guns N'Roses? [*apresentando Otto*] Axl Rose.

OTTO:
Às vezes eu penso o que seria da minha vida se eu fosse ator. Outro dia eu sonhei que era, acredita? [*imita Axl Rose, cantando*]

Isadora coloca uma música da Rita Lee para cantar. (Sugestão: "Coisas da vida".) Ela canta sobre a voz da Rita. Em seguida, Alma e Lalá também cantam com Isadora. As três se divertem bastante. No início, Otto fica olhando. Depois dança com Isadora, se divertindo também.

Perto do final da música, Alma percebe que o celular está tocando. Ela vê o número e vai para um canto da sala, atender. Começa a falar, não ouvimos. Quando Isadora percebe que Alma está falando ao telefone, diminui a música.

ALMA:
... Tá bom... tudo bem. Não vamos, Nildo. Jamais!... Claro, meu querido. Quando puder eu faço... um beijo.

Ela desliga. Silêncio. Alma fica em pé, pensativa.

ISADORA:
Algo sério?

ALMA:
Não...

OTTO:
Vou ligar a TV, ok?

ISADORA:
Era o Nildo, produtor da peça?

LALÁ:
Alma, vou aproveitar o intervalo e ir... Superobrigada, mas agora realmente tá na minha hora...

Otto liga a TV. Começa a ver o jogo.

ALMA:
Obrigada por ter vindo, Lalá... A gente se vê na segunda...

LALÁ:
Não é terça?

ALMA:
Sim, terça... eu te ligo.

LALÁ:
Obrigada, Alma. Boa noite, Isadora, Otto... bom jantar.

ISADORA:
Tchau, Lalá...

Lalá sai. Alma em silêncio, pensativa.

ISADORA:
O que o Nildo falou, mãe?

ALMA:
Nada.

Otto aperta o controle remoto. Ouvimos o som de jogo de futebol baixinho ao fundo.

ISADORA:
Como nada? Você tá com uma cara péssima. O que houve?

ALMA:
O que houve é que a peça não passou no edital. Saiu o resultado agora.

ISADORA:
Não passou no edital?... Bom, ano que vem vocês tentam de novo.

ALMA:
Ano que vem não. Eu vou fazer este ano. Teatro é o momento presente. Ano que vem essa peça pode não fazer mais sentido... não vou ficar parada este ano de novo... Eu vou fazer de qualquer maneira...

ISADORA:
Ai, mãe... você não tá pensando em colocar mais dinheiro em peça de teatro, né?

ALMA:
Que dinheiro? Se eu tivesse...

ISADORA:
Pois é...

ALMA:
O que foi, Isadora?

ISADORA:
Nada.

Pausa.

ALMA:
[*irritada*] Isadora, alguma vez já te faltou escola, médico? Seus discos de música?... E não foram poucos discos... Eu coloquei algum dinheiro sim em peças de teatro...

ISADORA:
Algum? Você colocou um apartamento e dois carros.

ALMA:
E ganhei também! Muito! O teatro que te sustentou! Eu te sustentei, sozinha!

Alma pega um maço de cigarros.

ISADORA:
Não vai fumar aqui! Ninguém é obrigado a respirar a sua fumaça.

ALMA:
E eu vou fumar onde?

ISADORA:
Já te disse. No play.

ALMA:
Ah, eu não posso intoxicar vocês com minha fumaça, mas as criancinhas do play eu posso.

ISADORA:
Nenhuma criança vai no play às dez da noite.

ALMA:
Você ia.

Alma suspira.

ALMA:
Como eles recusam uma montagem de Tchekhov? Um *Jardim das cerejeiras* com o elenco que eu tenho. Um clássico... Tchekhov é uma luz no nosso horizonte...

ISADORA:
Mãe, desculpa, mas será? Todo mundo monta Tchekhov. Para que mais um Tchekhov?

ALMA:
Meu Deus, como você é ignorante. Fui eu que te criei. Ai de mim, fui eu que te criei?

ISADORA:
Mãe, cai na real.

ALMA:
Tá bom, vou cair. Já caí. Satisfeita? Estou aqui, estrebuchando no chão da realidade... Eu não trabalho há três anos, as pessoas estão esquecendo de mim...

ISADORA:
Você tá forte. Ainda pode trabalhar com outra coisa.

ALMA:
Eu sou uma atriz, o palco é a minha vida. Eu preciso fazer essa peça... [*interpreta*] "O presente é repugnante, mas apesar disso, quando penso no futuro, tudo se transforma!"

Ela vai até a janela.

ALMA:
[*lírica*] Tchekhov, me salva, Tchekhov!

OTTO:
Pênalti. Pênalti para o Grêmio.

ISADORA:
Mãe...

ALMA:
Tchekhov!

ISADORA:
Mãe, sai da janela. [*Isadora coloca a mãe no sofá*] Com todo o amor, você precisa pensar numa segunda opção.

ALMA:
Eu não tenho uma segunda opção... Você não consegue me dar uma palavra de incentivo, não é? Nunca conseguiu...

ISADORA:
Por favor...

ALMA:
Você sempre foi assim. Você tem um realismo tóxico.

ISADORA:
O mundo é feito de realismo tóxico, mãe.

ALMA:
Não, a vida também é invenção. Mas você ainda não entendeu isso... Você me critica tanto, mas não consegue ver o que acontece aqui. Que peça de teatro acontece aqui...

OTTO:
[*olhando o jogo*] Tá falando de mim, Alma? Te amo, não se esqueça disso.

ALMA:
A hóspede começou a feder. Eu sabia que esse momento ia chegar, mas achei que ia demorar mais de uma semana.

OTTO:
Gol! Gol! Porra!

Otto corre até a cozinha. Ouvimos ele gritando.

OTTO:
[*off*] Fora, bacalhau!

ALMA:
Boa noite, Isadora.

ISADORA:
Vai dormir?

ALMA:
Vou estudar *O jardim das cerejeiras*.

Alma vai para o quarto.

ISADORA:
Mãe, vamos tomar a sopa... comer o frango à Kiev...

Isadora se senta no sofá, pensativa. Otto volta para a sala.

OTTO:
Que vitória...

Isadora pensativa.

OTTO:
Não dá para ela ficar morando aqui, Isadora. Você sabe disso. A nossa vida já está um caos...

ISADORA:
Eu acho que se ela não fizer essa peça ela vai morrer...

OTTO:
Ela não vai morrer.

Otto se aproxima por trás, beija o pescoço de Isadora, que se retrai.

OTTO:
Está cansada?

ISADORA:
Estou.

Pausa.

OTTO:
Quer uma cerveja?

Isadora não responde. Otto vai para a cozinha. Isadora fala para si, pensativa.

ISADORA:
"Vamos embora daqui... Vamos plantar um jardim novo, ainda mais exuberante que esse, você vai ver, vai entender, e uma alegria doce, profunda vai descer na sua alma, como o sol no jardim das cerejeiras, e você vai sorrir..."

Música.

Cena 3

Playground.

Concreto por toda parte, quase nenhum brinquedo. No fundo, um morro meio descampado, com uma ou outra árvore. Num canteiro, um jardim com plantas secas, malcuidadas. Som de vento.

Alma entra com sua maleta, coloca-a no chão. Acende um cigarro.

Há um homem ali, com um terno antigo. Alma olha para o homem, se afasta dele e acende um cigarro. Fuma aliviada. Tempo. O homem se aproxima.

HOMEM:
Desculpa, você teria um cigarro?

Alma, meio contrariada, passa um cigarro para ele, que acende.

Os dois fumam. O homem começa a observar o céu.

HOMEM:
Há muitas gaivotas aqui...

Tempo.

HOMEM:
O que significa que estamos perto do mar...

Longo tempo.

HOMEM:
É você quem estava gritando ontem: "Tchekhov! Tchekhov!"

ALMA:
Sim. Você ouviu?

HOMEM:
Reconheci sua voz... Eu cheguei aqui ontem...

ALMA:
Você conseguiu ouvir aqui de baixo?

Homem balança a cabeça positivamente.

ALMA:
Bom, pelo menos minha voz continua potente...

HOMEM:
E por que você estava gritando "Tchekhov"?

ALMA:
Porque eu sou a atriz doida do 18º andar. Não é isso que vocês querem que eu diga?... Você é o síndico? Não precisa fazer uma reclamação, eu já já vou me mudar. O apartamento é da minha filha.

Homem sorri para Alma.

ALMA:
Desculpa, eu não quero conversar.

Som de vento.

HOMEM:
Prazer, Tchekhov.

Alma olha para ele.

HOMEM:
Eu sou Anton Tchekhov. Qual o seu nome?

Alma gargalha.

ALMA:
Finalmente alguém da minha enfermaria...

Alma ri.

HOMEM:
Qual a graça? Eu sou Tchekhov.

ALMA:
"Tchekhov"... [*observa o homem, sorri*] Tá bom, tudo bem. Se você é Tchekhov eu sou Liubov Andreievna, prazer.

HOMEM:
Ah, você vai interpretar a Liubov Andréievna. Sabia que você era atriz!... Está no seu corpo, na sua expressão, na maneira como você entrou aqui. E por isso estava gritando meu nome. Chega um momento dos ensaios em que os atores e as atrizes sempre querem que eu fique falando sobre as personagens... que eu as explique... mas explicando tudo o mistério se perde... A verdade é que eu também não sei... chega um momento em que as personagens começam a ter vida própria... [*olha ao redor*] Desculpa, onde nós estamos?

Alma anda pelo play, fumando.

ALMA:
Meu Deus, como a vida é... Você acha que é uma pessoa estranha, que vê a realidade de uma maneira que ninguém vê, e aí você vai fumar seu cigarrinho num sábado de manhã, e um homem com um terno velho te diz com a maior tranquilidade, com a maior cara de pau, que é Anton Tchekhov. [*para o céu*] Obrigada, Senhor.

HOMEM:
Acho que você não está me entendendo. Eu sou realmente Anton Tchekhov.

Alma olha para ele, séria.

ALMA:
O que acontece com Liuba no final da peça?

HOMEM:
Todo mundo sabe o que acontece com Liuba no final da peça.

ALMA:
O quê?

HOMEM:
Ela vai embora da casa, do jardim das cerejeiras. Parte de trem, com a filha.

ALMA:
Ánia.

HOMEM:
Ánia, minha querida Ánia. E na cena final ouvimos as batidas de machado derrubando as cerejeiras do jardim... e as cortinas se fecham...

ALMA:
Qualquer pessoa que viu a peça sabe disso.

Alma pensa.

ALMA:
Какая столица России?

HOMEM:
Кто не знает? Столица России – Санкт-Петербург.

ALMA:
Você fala russo!

HOMEM:
É a minha língua materna... ты тоже говоришь.

ALMA:
O básico. Dá pra me virar.

HOMEM:
... Desculpa, onde nós estamos?

ALMA:
O quê?

HOMEM:
Que cidade é essa?

ALMA:
Rio de Janeiro.

HOMEM:
Rio de Janeiro... Brasil?... Meu Deus...

ALMA:
Como você sabe falar português?

HOMEM:
[*se dá conta*] Eu estou falando português... É verdade...

Alma o observa.

ALMA:
Foi o Nildo que te mandou aqui? Por que vocês estão fazendo essa brincadeira? Isso é parte de um processo? Você é um diretor de vanguarda? Eu acho que nunca te vi. Por que você está fazendo isso? Isso aqui é um *reality show*?

HOMEM:
É curioso você insistir em não acreditar em mim. Eu sou...

ALMA:
[*interrompendo-o*] Tá bom, tá bom, você me convenceu. Você me convenceu. [*fala com a plateia*] Ele me convenceu. Com vocês, Anton Tchekhov. Palmas para o grande autor russo!

A plateia aplaude Tchekhov. Ele agradece, educadamente. Alma estende a mão para ele, para cumprimentá-lo.

ALMA:
E eu sou... Fernanda Montenegro.

Alma pega a maleta e vai até a mureta do playground. Ela abre a maleta, cheia de fotos. Vai escolhendo e jogando fotos prédio abaixo. Tchekhov se aproxima, tem uma vertigem com a altura.

TCHEKHOV:
O que você está fazendo?

ALMA:
Sendo realista. Jogando os arquivos mortos na lixeira. Para que guardar memórias que só você quer se lembrar?

Tchekhov pega a maleta e tira dali.

TCHEKHOV:
Não faça isso. São fotos de teatro. Que interessantes... Não são só sobre você. São sobre o elenco, o autor, o teatro, a cidade. É o registro de uma época...

TCHEKHOV:
Você já fez muitos trabalhos, Fernanda... E essa montagem de *O jardim das cerejeiras*, estreia quando?

ALMA:
Eu estava ensaiando sem data de estreia. Sim, nada recomendável. Mas não vou mais montar. Desisti.

TCHEKHOV:
Por quê?

ALMA:
Porque é uma ideia impossível.

TCHEKHOV:
O teatro é uma ideia impossível. Você é perfeita para interpretar Liubov Andréievna. Eu sinto isso.

ALMA:
Não é essa a questão...

TCHEKHOV:
Eu nunca fiquei muito feliz com nenhuma das atrizes que interpretaram Liuba. Mas a responsabilidade maior é dos diretores. Stanislavski então, que ego, que vaidade, como foi difícil trabalhar com ele. As pausas que ele dava... em cada pausa passava uma peça inteira. E todos os atores choramingando sem parar, um drama... Isso é o principal: *O jardim das cerejeiras* é uma comédia. Está escrito na primeira página: "O jardim das cerejeiras: Comédia em quatro atos."

ALMA:
Tenho que confessar que nunca entendi isso muito bem. Acontece muita coisa triste na peça...

TCHEKHOV:
Quem disse que a tristeza também não é cômica? Eu vejo isso em você... você é uma pessoa triste.

ALMA:
Eu sou triste.

TCHEKHOV:
E bem alegre...

ALMA:
Sim, eu sou bem alegre.

TCHEKHOV:
E melancólica...

ALMA:
Muito.

TCHEKHOV:
E cômica.

ALMA:
Obrigada.

TCHEKHOV:
Perdulária?

ALMA:
Infelizmente, sim. Mas não conta para minha filha.

TCHEKHOV:
Você é Liubov Andréievna. Eu sinto isso... em você. Você tem que montar *O jardim das cerejeiras*, Fernanda...

ALMA:
Como eu vou dizer não para o próprio autor?

TCHEKHOV:
Mudando um pouco de assunto, que a vida não é só teatro...
[*se dirige ao canteiro morto de plantas*] Isso aqui era para ser um jardim?

ALMA:
Acho que sim... Esse playground é muito malcuidado... e o condomínio aqui não é barato não...

TCHEKHOV:
Essa planta não tem na Rússia... sabe o que é?

ALMA:
Uma moreia, acho. É bem resistente. Por isso sobreviveu aqui. Ninguém deve vir regar... eu adoro plantas. Eu morava numa casa cheia de árvores...

Tchekhov mexe na terra. Em seguida se deita sobre a terra, sentindo-a.

TCHEKHOV:
Essa terra está fértil ainda...

ALMA:
Sim...

TCHEKHOV:
Por que você não planta um jardim aqui?

ALMA:
Eu não moro aqui...

TCHEKHOV:
Você devia plantar...

Ele se levanta e faz um gesto para Alma se deitar sobre a terra, experimentá-la.

Ela se deita sobre a terra. Ouvimos um violoncelo ao fundo, vindo de algum apartamento do condomínio.

ALMA:
Que bom isso...

Pequeno tempo.

ALMA:
... Eu vou plantar... vou plantar um jardim aqui... vou plantar um jardim de cerejeiras aqui...

Ela se levanta.

ALMA:
Você acha que as cerejas crescem aqui?

TCHEKHOV:
Só plantando para ver...

Eles se olham.

TCHEKHOV:
"E se pudéssemos começar a vida de novo, Fernanda, e o fizéssemos de modo consciente? E se a vida cumprida fosse uma espécie de rascunho e a outra — a nova — o texto passado a limpo?"

Se olham.

ALMA:
O meu nome não é Fernanda... é Alma. Alma Duran.

Tchekhov olha para ela, sorri.

ALMA:
E o seu nome, qual é?

Tempo.

ALMA:
Está bem... Eu vou montar... eu vou plantar *O jardim das cerejeiras*...

Tempo.

ALMA:
... Tchekhov.

Música.

ATO II

Cena 1

O mesmo playground. Manhã, bem cedo.

Duas cadeiras de praia, um cooler. Um violão.

Uma cruz de papel machê, feita por Alma, fincada na terra, representa a capelinha abandonada do início do ato 2 de O jardim das cerejeiras. *Alma e Tchekhov estão por ali, de óculos escuros, tomando sol. Compartilham um saquinho de cerejas e jogam papo fora. Os dois estão com roupas de banho antigas.*

TCHEKHOV:
Não foi nada fácil achar as cerejas... saí antes do sol nascer. Tive que procurar em vários mercados. Não é uma fruta tropical, definitivamente. Encontrei no Supermercado Zona Sul. Acho que não foi barato, gastei quase todo o dinheiro que você me deu. Muita coisa aconteceu...

Eles comem as cerejas e jogam as sementes na terra do jardim.

ALMA:
Quanto foi?

TCHEKHOV:
Cento e cinquenta reais.

ALMA:
Cento e cinquenta reais!? Por um saquinho de cerejas?

TCHEKHOV:
É caro?

ALMA:
Dava para comprar o jardim das cerejeiras inteiro... Meu Deus. Devia ter te indicado o Supermercado Mundial.

TCHEKHOV:
Eu fui nesse Mundial. Não tinha cereja. E a fila estava gigante.

ALMA:
Tudo bem.

TCHEKHOV:
[*comendo*] Pelo menos estão ótimas.

ALMA:
[*comendo*] Uma delícia.

Tchekhov enterra as sementes na terra.

TCHEKHOV:
Alma, eu precisava tomar um café da manhã mais substancial. Na Rússia nós comemos pães, ovos, mel, panqueca, mingau de semolina... Fiquei cansado.

Alma vai até o cooler, pega um sanduíche e o jornal.

ALMA:
Eu trouxe um *petit déjeuner* para o nosso ensaio. *Voilà, monsieur*, um sanduíche de requeijão com salaminho. E mate com limão... e o jornal pra você saber em que terra está pisando.

Tchekhov pega o sanduíche e come, faminto. Abre o jornal e começa a folheá-lo.

ALMA:
[*animada*] Vamos começar?... Ah, o Nildo, meu amigo produtor, me ligou e disse que tem uma boa notícia, um possível patrocinador! Ele vai ligar daqui a pouco... Eu ensaiei aquele monólogo do segundo ato em que a Liuba fala do amor pelo ex-marido, mesmo ele tendo roubado e abandonado ela. Que amor é esse que...

Tchekhov está mudo, olhando o jornal. Ela percebe e para de falar. Ele mostra o jornal para ela. Uma música dramática, um violoncelo grave.

ALMA:
Sim, é tristíssimo... A floresta.

TCHEKHOV:
Eu pensava que em cem anos a vida se transformaria. Que a humanidade evoluiria. Mas não... os homens continuam devastando a morada dos animais, dos pássaros, esvaziam e secam os rios, paisagens maravilhosas desaparecem de modo irreversível, e tudo isso porque o homem é um preguiçoso e não tem a simples ideia de se abaixar e catar no chão a lenha de que precisa.

ALMA:
Você já não escreveu isso?

TCHEKHOV:
[*retoma, intenso*] É preciso ser um bárbaro insensato para queimar essa beleza na sua estufa. O homem foi dotado de razão e

de força criadora para multiplicar aquilo que lhe foi dado, mas até hoje ele não criou, apenas destruiu. As florestas ficam cada vez menores, os rios secam, os animais selvagens desaparecem, o clima se deteriora e, a cada dia, a terra fica mais pobre e feia!... Onde foi que eu escrevi isso???

ALMA:
[*nervosa*] "Quando ele planta um arbusto, sabe o que resultará disso em mil anos, está pensando no futuro da terra." [*se lembra*] *Tio Vânia*?

TCHEKHOV:
Sim, *Tio Vânia*... eu havia escrito "daqui a mil anos", não cem... Será que vai dar tempo? Isso é terrível, Alma. O mundo está acabando, e o homem... não progride. Só há... o fim.

Uma pausa.

ALMA:
Bom, melhor ensaiarmos amanhã, não? Vai ser difícil fazer uma comédia agora.

TCHEKHOV:
Desculpe atrapalhar, Alma, mas não dá para controlar a vida... Não se preocupe, a comédia surge nos momentos mais improváveis... retome, por favor.

ALMA:
[*tentando mudar o clima*] Vou ligar para o Nildo, o produtor. Está na hora. Ele me disse que tem boas notícias! Come mais um sanduíche de requeijão...

TCHEKHOV:
Ah, requeijão...

Tchekhov se senta na cadeira de praia e come o sanduíche. Observa os prédios em volta. Alma tecla no celular. Ouvimos um barulho de telefone.

O ator que interpreta Otto entra como Nildo, o produtor. Está com uma roupa de praia, mas contemporânea. Ouvimos uma textura de música eletrônica ao fundo. O diálogo é feito em ritmo mais acelerado.

NILDO:
Alô?

ALMA:
[*estranhando*] Quem é?

NILDO:
Como quem é, Alma? Você liga para mim e pergunta quem é?

ALMA:
Não reconheci sua voz, Nildo.

NILDO:
... Alma, eu conheci um cara aqui na praia, na terça à tarde, estranhíssimo, estranhíssimo. A gente começou a conversar, ele é bem forte, bem gato, falou que tinha filho, família, cachorro, não dava pinta nenhuma...

TCHEKHOV:
[*olhando as janelas dos prédios*] Olha, o músico que toca violoncelo mora ali...

NILDO:

... E conversa vai, conversa vem, eu conto que sou produtor de teatro, ele diz que o sonho dele era patrocinar uma peça de teatro, que era empresário, tinha uma fábrica, e isso e aquilo, eu fico animadíssimo, ele bebendo uma água de coco, George Clooney, eu pergunto "fábrica de quê?", e ele, "de armas. Tenho uma fábrica de armas..."

TCHEKHOV:

[*olhando uma janela*] Ali talvez more um aprendiz de sapateiro...

ALMA:

Uma fábrica de armas???

NILDO:

Foi exatamente o que eu perguntei, mas fingi normalidade: "Uma fábrica de armas?" "É. Vou te ligar amanhã." Minha caipirinha chegou. Obrigado, querido.

TCHEKHOV:

[*apontando outra janela*] "Querido vovô Constantin: te cumprimento pelo Natal..."

ALMA:

E?

NILDO:

Ele me liga no dia seguinte: [*voz grave*] "Olha, falei com pessoal do marketing. Eles toparam patrocinar a peça. Não queriam, claro, mas eu forcei topar. Meu estilo."

TCHEKHOV:

Ali, um frequentador das corridas de cavalo...

NILDO:
"Uma única exigência, meu caro", ele disse, "nós precisamos de um ator no elenco que seja um amante de armas na vida real, que faça propaganda pró-armamentista pra gente, nas mídias sociais, na TV... e o dinheiro já cai na conta de vocês este mês!" Eu agradeci, disse que ia procurar um ator assim, ele me convidou para ir no clube de tiro esse final de semana, elogiou a sunga que eu estava usando na praia, e desligamos. Tomei dois ansiolíticos ontem à noite, um hoje de manhã e agora estou enchendo a cara para suportar a vida real.

Pausa.

ALMA:
Vamos achar esse ator então!

NILDO:
O quê?

ALMA:
Vamos encontrar um ator que seja um amante de armas!

NILDO:
Alma, você quer montar um Tchekhov com o patrocínio de uma fábrica de armas?

ALMA:
All money is dirty money.

NILDO:
Você perdeu totalmente o juízo! A ética! E não tem nenhum ator assim, que vá fazer propaganda armamentista!

ALMA:
Claro que tem.

NILDO:
Quem?

ALMA:
Nildo, deixa comigo. Confirma a ida ao clube de tiro. Não existe a *possibilidade* de eu não montar *O jardim das cerejeiras*.

Ela desliga.

TCHEKHOV:
E aí?

ALMA:
Tudo em paz... preciso ir lá em cima rapidinho resolver um probleminha de produção... Quer mais um sanduíche?

TCHEKHOV:
Sim... e um vinho branco, se tiver... [*acha uma papel no bolso*] O que é isso?... Uma carta da minha mulher... Olga...

ALMA:
Já volto!

Alma vai saindo.

TCHEKHOV:
E outro charuto, por favor! Dois, se tiver!... Não demore, temos uma peça para levantar! Vamos, Liuba, a lua está subindo!

Cena 2

Apartamento.

Isadora está na mesa tomando café da manhã. Otto na cozinha.

O apartamento está cenografado com alguns objetos de papel machê.

OTTO:
[*off*] Não acredito! Sabe o que acabou além do requeijão? O salaminho!

Otto volta para a sala.

OTTO:
Isadora, é sério, se sua mãe continuar aqui nós vamos acabar morrendo de fome. Ela se faz de vítima, mas é uma predadora! Está no topo da cadeia alimentar. Quando você vai falar com ela?

Isadora, cansada, não responde.

OTTO:
Se você não falar eu vou falar... o combinado era um mês, vai vencer semana que vem... [*olha a sala*] Olha essa porcariada... nossa sala virou um teatro. Porra, daqui a pouco vão cobrar ingresso para a gente entrar aqui... [*percebe que ela está exausta*] ... O que houve?

ISADORA:
Nada. O trabalho.

Otto se senta à mesa. Se serve de café.

OTTO:
Você não me ama mais, não é?

Isadora olha para ele.

OTTO:
Também, quem vai se amar com essa rotina? Você naquele hospital, e eu, enxugando gelo... todo dia, com medo de morrer... Vamos para Ubatuba. Se lembra da nossa viagem de lua de mel? Eu ia adorar ir para aquela pousada de novo. Vamos tirar umas férias lá, surfar, passar o dia no mar, fumar um baseado vendo o pôr do sol...

Isadora começa a chorar.

OTTO:
O que foi?

Isadora chora.

OTTO:
O que aconteceu?

ISADORA:
A minha mãe... eu acho que ela vai morrer daqui a pouco. Eu levei ela para fazer uns exames na semana passada, uma tomografia computadorizada, e apareceu uma mancha na cabeça dela. Eu liguei para o médico, ele disse que é só um problema de imagem, que deu um problema no computador, mas eu acho que não... ela não tá boa da cabeça...

OTTO:
Ela nunca foi muito boa da cabeça...

ISADORA:
Mas agora é diferente. Ela tá delirando demais. O seu Antônio me disse que ela fica falando sozinha no playground. O dia inteiro.

OTTO:
Ela está ensaiando. Decorou um texto em russo! O cérebro dela tá turbinado! É um processador de última geração... Você tá falando isso para eu ficar com pena e ela ficar mais tempo aqui?

ISADORA:
[*lágrimas nos olhos*] Eu também queria viajar, para bem longe...

OTTO:
Para onde?...

Alma entra, solar. Isadora enxuga as lágrimas.

ALMA:
Bom dia!... Esqueci meu texto.

Alma vai em direção ao escritório. Eles tentam ouvir o que Alma está fazendo. Ela volta com um texto na mão (e um charuto escondido no bolso).

ALMA:
Que dia maravilhoso!... Está tudo bem?

ISADORA:
Sim.

ALMA:
Meu genro, querido... vou te fazer uma pergunta... Vocês vão achar que eu que eu estou gagá, sei que vocês conversam sobre isso... é uma pergunta meio absurda, mas bem concreta: você gostaria de fazer um espetáculo de teatro como ator?... Você fez Tablado, não fez?

OTTO:
Há vinte anos.

ALMA:
Interpretar é que nem andar de bicicleta... Essa peça que eu estou ensaiando acabou de receber um patrocínio, e nós queríamos colocar um não ator em cena, alguém de verdade, que transpirasse realidade... e eu indiquei você.

OTTO:
Jura?

ALMA:
Mostrei uma foto sua para o produtor, ele amou! E eu acho que você é um ator nato... Topa? Vamos?

OTTO:
Que engraçado, outro dia eu sonhei que era ator... eu sinto que poderia ter sido um bom ator... É sério isso?

ISADORA:
Não.

E ao mesmo tempo:

ALMA:
É.

Otto tem uma crise de riso.

ISADORA:
Mãe, é óbvio que ele não pode...

OTTO:
Eu topo!

Otto ri, emocionado.

ALMA:
Jura?

OTTO:
Quem sabe assim alguma coisa muda aqui!... É *O jardim das cerejeiras*?

ALMA:
Você vai estrear logo num clássico!

OTTO:
A casa já virou um cenário mesmo... Se eu puder ensaiar depois do trabalho...

ALMA:
Fechado!... Você está descendo? Vamos juntos no elevador, eu te explico melhor o projeto...

Otto pega as coisas dele. Alma deixa um recado no celular.

ISADORA:
Mãe...

ALMA:
[*no telefone*] Nildo, ele topou. Vai ser um sucesso! Confirma sua reunião no clube de ti... [*corrige*] de regatas! [*desliga*] Vamos, Lopahkin!

OTTO:
Mengóvski!!!

Otto e Alma saem do apartamento. Isadora vai até a janela. Som de vento.

ISADORA:
[*fala para si*] "... E uma alegria doce, profunda, vai descer na sua alma, como o sol..."

A campainha toca. Isadora abre a porta.

LALÁ:
Oi, Isadora, sua mãe tá aí? Ela marcou uma aula comigo...

ISADORA:
Entra, Lalá...

Isadora soluça, de choro. Tenta segurar.

LALÁ:
Aconteceu alguma coisa?

ISADORA:
Ontem eu operei o coração de uma mulher, uma ponte de safena. Eu tava tão desconcentrada... Eu vi o coração dela, o sangue, a minha mão... mas parecia tudo tão irreal... eu ia operando, e via o coração pulsando, o sangue, o coração dela era uma boca... e eu mordia a minha boca, para não desmaiar... A gente conseguiu... fechar o peito... eu então sentei numa cadeira... e... ainda sentia o...

Isadora olha para Lalá.

ISADORA:
Meu casamento acabou.

Pausa.

LALÁ:
Acho que isso é normal... Você não pode se separar? Vocês estão juntos há quantos anos?

ISADORA:
Muitos...

LALÁ:
Chega uma hora que o relacionamento acaba mesmo.

ISADORA:
Você gosta muito da minha mãe, não é?... Você está gostando das aulas?

LALÁ:
Tô amando.

ISADORA:
Ela tem te falado do projeto do *Jardim das cerejeiras*?

LALÁ:
O tempo todo.

ISADORA:
É um delírio, você sabe. Ela está falando sozinha no play... e não vai conseguir montar essa peça nunca... [*Isadora pega a bolsa*] Eu preciso ir... boa aula... cuida bem da minha mãe... Se um dia eu não estiver por aqui... cuida bem dela...

LALÁ:
Como assim, Isadora? Eu adoro a sua mãe, mas não tenho tempo para cuidar dela não... Você vai viajar?

ISADORA:
[*sai, segurando o choro*] Obrigada, Lalá!

Laís tira um cigarro do maço. Alma entra, empolgadíssima.

ALMA:
Lalá!... Vamos descer? Estou no meio do ensaio! Vamos fumar lá embaixo.

Alma entra na cozinha e volta com uma sacola de frutas e uma garrafa de vinho.

ALMA:
Vamos. Ele está nos esperando.

LALÁ:
Ele quem?

ALMA:
Como falar essa frase sem soar como uma maluca?... O Tchekhov... o Tchekhov está nos esperando.

LALÁ:
O Tchekhov está lá embaixo.

ALMA:
Sim, ele mesmo. Vem, vamos descer.

LALÁ:
Calma, Alma.

ALMA:
Estou calma.

LALÁ:
Isso acontece quando a nossa relação com o autor fica muito intensa. Eu também já conversei muito com a Clarice Lispector.

ALMA:
Sim, entendo. Mas neste caso é realmente o Anton Tchekhov.

Elas entram no elevador. O cenário vai mudando enquanto elas descem.

ALMA:
E você gostou do monólogo que eu te mandei? O do Trofímov? "Vária tem medo de que nós dois nos apaixonemos e por isso há vários dias não desgruda de nós. Não consegue entender que estamos acima do amor!"

LALÁ:
É bonito, mas... não sei... Alma, eu não quero fazer *O jardim das cerejeiras* pra prova.

ALMA:
Não???

LALÁ:
Não tem tanto a ver comigo... Eu gosto muito, eu entendo a peça, e como entendo! Mas acho que não. Queria fazer uma coisa... diferente... Eu gostei mais de um conto dele, "A estepe".

ALMA:
"A estepe" é uma maravilha. Mas será?... Tudo bem, você vai ver, ele vai nos ajudar! Você não sabe o que eu tenho vivido esses dias! "Estamos avançando, de modo irresistível, rumo à estrela radiosa que brilha lá longe!"

Elas chegam no playground. Está vazio.

ALMA:
Anton! Anton!... [*para Laís*] Ele deve estar fazendo xixi. Já vai chegar... Tchekhov!

Um tempo.

ALMA:
Hoje nós plantamos umas cerejas neste jardim... Você está vendo como a terra do jardim está mexida?... Aonde ele foi?...

Um tempo.

ALMA:
Você não está acreditando em mim, não é?

Laís não responde.
Ouvimos ao longe um som de gaivota.
Em seguida, um tempo de silêncio.

ALMA:
Sabe que... Eu sempre gostei de chegar muito antes no teatro, antes da peça começar... e ficar na plateia, sem ninguém... no silêncio... E eu amo imaginar que o autor, a autora, está sentada na escadinha entre a plateia e o palco...

Uma luz ilumina Tchekhov sentado na escadinha perto da plateia. Ele escreve num bloquinho.

ALMA:
Eu falo com eles "boa noite"... e eles não respondem, claro, porque estão muito concentrados... reescrevendo alguma fala para aquela apresentação...

LALÁ:
[*olha o celular*] Eu preciso trabalhar... e vai chover muito... Amanhã a gente conversa. Vou ensaiar um trecho de "A estepe" e te mostro...

Elas se abraçam.

ALMA:
Espera mais um pouco, Lalá. Ele vai chegar...

Laís sorri para ela e sai. Alma permance no play.

TCHEKHOV:
[*escrevendo*] Olga, minha amada... acabei de ler sua carta...

Uma luz sobre Olga Knipper, esposa de Tchekhov, interpretada pela mesma atriz que faz Isadora. Nesta cena, a atriz transita entre Olga e Isadora, interpretando as duas.

OLGA:
Meu coração dói quando penso no silêncio e na melancolia profunda que existe dentro de você...

TCHEKHOV:
Por que isso, meu amor? Eu não sou melancólico, nunca fui... sem você eu sinto frio e desconforto... Quando você chegar, vou te beijar sem parar durante uma hora...

OLGA:
Se soubesse com que ansiedade, com que impaciência eu espero pela minha renovação! Eu juro para você: serei outra! Serei!

Otto entra em cena com seu revólver e realiza uma movimentação repetitiva, angustiada, colocando e tirando as balas da arma, durante todo o diálogo que segue. Ouvimos som de tempestade. Vento. Trovões.

OTTO:
Isadora! Fecha a janela! Está caindo uma tempestade!

ISADORA/OLGA:
Eu juro: serei outra! Serei!

Trovões.

OTTO:
Vai molhar toda a área! Fecha a janela!

ISADORA:
[*fala sob barulho de trovões*] Fecha você!

TCHEKHOV:
Não se esqueça de mim... Muitas saudades...

OLGA:
Muitas...

TCHEKHOV:
[*terminando de escrever*] Anton Tchekhov.

Ele fecha o caderninho. Lalá entra em cena. Os focos de luz sobre Alma, Isadora e Otto se apagam. Tchekhov abre o caderno de novo, volta a escrever. Lalá ensaia seu monólogo, já está decorado. É um trecho de "A estepe".

LALÁ:
"Eu não entendo de onde vem essa canção. Agora, quando a escuto, sei que é o vento que canta. Uma canção sem palavras..."

A luz de Tchekhov se apaga. Lalá fica sozinha em cena.

LALÁ:
"Sinto na pele a profundeza insondável e a imensidão do céu. Desde a manhã, parece que cem anos se passaram..."

Ouvimos o som de alguns tiros.

LALÁ:
"Eu não entendo de onde vem essa canção; depois, quando a escuto melhor, tenho a impressão de que é o capim que canta. O capim tenta com a canção sem palavras convencer que o sol o havia queimado sem nenhum motivo..."

Os tiros voltam, cadenciados. Lalá fala por cima, forçando.

LALÁ:
"... Pouco a pouco, vêm à memória os relatos dos viajantes... Tudo aquilo que quando caminhamos na estepe nós mesmos conseguimos ver... e apreender... na alma!"

O som dos tiros aumenta, intensamente. Lalá coloca a mão no ouvido, tentando se proteger.

LALÁ:
Ahhhhhhhhhh! Ahhhhhhhhhhh! Será que essa guerra não vai terminar nunca?

Os sons de tiro continuam.

Música dramática.

Nuvens escuras passam no céu.

ATO III

Apartamento. Está escuro, o dia nascerá em breve.

Os tiros vão parando.

O Homem/Tchekhov veste uma calça jeans, sapatos de hoje e uma camisa social. Ele não parece mais uma figura de época. Está na janela, vendo a vista do jardim lá embaixo.

TCHEKHOV:
Que belíssimo jardim de cerejeiras... será...

Alma chega na sala.

ALMA:
Socorro. Ladrão! Ladrão!... Tchekhov!

TCHEKHOV:
Bom dia, Alma.

ALMA:
Você sumiu por uma semana! Aonde você foi? Achei que tinha desaparecido...

TCHEKHOV:
Precisava ver o mar. O horizonte.

ALMA:
Que roupa é essa?

TCHEKHOV:
Eu saí do prédio e fui andando até o Leme. Pedra do Leme... Comecei a escrever... tinha uns pescadores... eu estava com a minha mala, com tudo meu dentro... o mar me convidou para um mergulho nas suas águas... quando voltei para a pedra, só havia sobrado o meu diário... fui roubado... Alma, o que é sunga?

ALMA:
Roupa de banho.

TCHEKHOV:
Passei naquele túnel. Túnel Novo. Ouvi tiros de novo... Depois, fui parar na Lapa. Pensava em você, mas não conseguia voltar. Conheci um sambista, Isaías, ficamos amigos. Fui num show dele, de músicas do Cartola: [*canta*] "Deixe-me ir/ Preciso andar/ Vou por aí a procurar/ Sorrir pra não chorar..."

Ouvimos mais tiros ao longe.

TCHEKHOV:
Os tiros não param... a cidade está em guerra?

ALMA:
As pessoas fingem que não, mas...

TCHEKHOV:
[*perturbado*] Eu preciso voltar para casa, Alma. Preciso voltar para a Rússia... Como eu vim parar aqui? [*olha o horizonte pela janela*] E se a Rússia estiver em guerra?

ALMA:
Cuidado com a janela!

Eles se olham. Tchekhov sorri para ela.

TCHEKHOV:
Me deu uma felicidade repentina... só de te olhar...

ALMA:
Como eu vou continuar ensaiando sem você?

TCHEKHOV:
Vem comigo... eu comprei um presente para você.

Tchekhov faz um sinal para o espectador do buquê de flores subir no palco. O espectador sobe no palco, Tchekhov indica que entregue as flores para Alma. Ela agradece e pede para o espectador voltar a sentar.

ALMA:
[*para a plateia*] Palmas para o [*fala o nome do espectador*], por favor.

A plateia aplaude o espectador.

ALMA:
[*para Tchekhov*] Flores!

TCHEKHOV:
Vamos para a Rússia...

ALMA:
Você sabe que eu preciso montar o *Jardim das cerejeiras*. Eu preciso brilhar novamente.

Eles se olham.

TCHEKHOV:
Você sabe de cor as últimas falas de Liuba?... Adoraria ver a cena final. Vamos fazer a cena final!

Alma sorri para ele, se prepara.

Música. Mudança de luz. Parece que estamos vendo uma encenação de O jardim das cerejeiras.

ALMA:
"Adeus, casa querida. O inverno vai passar, a primavera vai começar, e você não vai existir mais, vai ser demolida."

TCHEKHOV:
"Senhores, está na hora de partir!"

ALMA:
"É como se eu nunca tivesse visto como são as paredes desta casa, como é o teto, e agora eu olho para eles com sofreguidão, com um amor tão cheio de ternura... Levaram toda bagagem?... Vamos... não vai ficar mais ninguém aqui."

TCHEKHOV:
"Está na hora!"

ALMA:
"Ah, minha vida, minha mocidade, minha felicidade, adeus!...Adeus!... Vou olhar pela última vez as paredes, as janelas..."

TCHEKHOV:
"Vamos! Falta pouco para o trem partir..."

ALMA:
"Estou indo... Adeus! Adeus!"

TCHEKHOV:
"O trem já vai partir... Adeus!"

ALMA:
"Adeus!"

Alma finaliza a cena. Tchekhov arremessa as flores aos pés dela, como se fazia nas estreias. Aplaude.

TCHEKHOV:
Bravo! Bravo, Alma!... Adeus! Adeus!

Tchekhov pega seu chapéu e sai do apartamento. Pequeno tempo. Ele volta.

TCHEKHOV:
Preciso de dinheiro para a viagem.

ALMA:
Quanto?

TCHEKHOV:
Não sei. Acho que quinhentos reais deve dar.

Alma sai de cena. Tchekhov vê o revólver de Otto sobre uma mesinha. Pega a arma. Se vira de costas para a plateia, como se mexesse em algo no revólver. Coloca-o novamente sobre a mesinha. Alma volta com o dinheiro.

ALMA:
Toma. Depois eu devolvo para a carteira do meu genro os quinhentos reais... e uns charutos.

TCHEKHOV:
Obrigado.

ALMA:
Você vai dizer o seu nome verdadeiro?

TCHEKHOV:
Ah, que obsessão com isso... E qual é o *seu* nome verdadeiro? Quem é você por trás deste nome, Alma Duran?... Você acha que eu sou um farsante... e se for o contrário?... E se *você* for uma personagem, Alma?

Tchekhov sorri para Alma.

TCHEKHOV:
Você já está brilhando...

Eles se abraçam em despedida. O abraço é intenso e acaba virando um longo beijo na boca.

ALMA:
Ninguém nunca vai acreditar que eu beijei Anton Tchekhov...

TCHEKHOV:
Ninguém nunca vai acreditar que eu beijei Alma Duran...

ALMA:
Você não quer transar? Fazer amor? Deu uma vontade agora...

TCHEKHOV:
Com a sua família aqui?... Não é uma grande ideia... É uma grande ideia mas... eu preciso ir para a Rússia, Alma.

ALMA:
Está bem...

TCHEKHOV:
Tenho certeza de que seria inesquecível... [*olha a janela*] O sol está nascendo! Adeus!

Ele sai.

ALMA:
Manda uns nudes da Rússia!

Alma ri, sozinha. O dia nasce, luz matinal. Isadora entra com uma mala grande. Ela está vestida com uma roupa mais chique, que pode lembrar um pouco O jardim das cerejeiras — *a roupa de alguém que vai fazer uma viagem internacional, para um país frio.*

ALMA:
Isadora, para onde você está indo?

ISADORA:
Petrópolis.

ALMA:
Você vai viajar?

ISADORA:
Vou para um congresso... estou fugindo daqui. Vou me separar do Otto.

ALMA:
Mas assim, de repente?... Vocês não vão conversar?

ISADORA:
Escrevi uma carta para ele... [*passa um envelope para Alma*] Entrega, por favor. Eu vou passar a semana fora.

ALMA:
Com essa mala parece que você está indo para Moscou...

ISADORA:
[*emocionada*] Eu nunca fui boa de fazer mala, mãe...

Lalá entra no apartamento.

LALÁ:
Alma!... Isadora!

Elas se olham, suspensão.

LALÁ:
Eu acabei de fazer a prova!

ALMA:
E...

Lalá abraça Alma intensamente.

LALÁ:
Eu passei!

ALMA e ISADORA:
Que maravilha! / Como foi? / Que bom!

Lalá abraça Isadora. Elas comemoram.

ALMA:
Eles gostaram do monólogo de "A estepe"?

LALÁ:
Tudo indica que sim...

ALMA:
Ah, o Tchekhov ia ficar tão feliz! Já estou com saudades! Ele acabou de sair daqui!

Uma notificação toca no celular de Alma. Ela ouve um recado, enquanto Lalá e Isadora conversam.

ALMA:
[*ouvindo recado*] Não acredito...

LALÁ:
[*percebe a mala, fala para Isadora*] Você vai viajar.

Isadora balança a cabeça afirmativamente.

LALÁ:
Mas você não vai se mudar, vai? Você não vai deixar a sua mãe aqui sozinha... eu não posso cuidar dela não.

ALMA:
[*voltando*] O Nildo acabou de deixar um recado. O patrocinador do *Jardim das cerejeiras* adorou a ideia do Otto ser um delegado de polícia. E fazer a peça...

ISADORA:
Mãe...

ALMA:
Mas eles querem que eu mande um vídeo do Otto interpretando alguma cena, para ver se ele leva jeito mesmo, se vai conseguir gravar o comercial de... [*corrige*] se vai conseguir fazer a peça. Tem que mandar o vídeo agora de manhã, o departamento de marketing tem uma reunião às 11h.

ISADORA:
Você está inventando.

ALMA:
Por que você nunca acredita em mim, Isadora? Quer ouvir o recado?

LALÁ:
Quem é esse patrocinador, afinal?

ALMA:
Um fabricante de ar... mários. Um fabricante de armários embutidos.

LALÁ:
Vamos gravar uma cena com o Otto então.

Elas ouvem um barulho dentro do apartamento.

ISADORA:
O Otto acordou... parabéns!.. Agora ele vai descobrir que eu vou viajar!

ALMA:
Até quando você vai me culpar por tudo que acontece na sua vida?

ISADORA:
Para sempre, você é minha mãe.

Otto entra de shorts, chinelo e camisa do Flamengo.

OTTO:
Caramba, que barulheira. Agora é proibido dormir nesta casa? Bom dia. Hoje é o dia! A final, galera! Mengooooo!

OTTO:
Uau, que roupa é essa, vai aonde?

ISADORA:
Que roupa? Minha roupa.

ALMA:
Os patrocinadores da peça pediram pro elenco gravar um vídeo falando um texto da peça.

OTTO:
Um vídeo falando um texto da peça?

ALMA:
[*ela se ajoelha*] Por favor, meu genro, a gente tem que mandar esse vídeo até às 11h. Você pode gravar?

OTTO:
Tá bom, Alma... sem drama... Sei muito bem como é a vida de um ator...

Alma posiciona Otto no palco.

ALMA:
É a melhor cena da peça, na minha opinião, o melhor monólogo. Você fará Lopákhin, o comerciante que compra o jardim das cerejeiras. Ele cresceu na propriedade, o pai dele era um criado da família.

LALÁ:
Um escravizado.

OTTO:
Eu sei, tô estudando a peça.

ALMA:
Vamos? [*entrega o livro para Otto, indicando a página*] Merda!

Otto vai para um canto, se concentra.

LALÁ:
Alma, pensando melhor, não sei se ele tem condições de fazer esse personagem...

ALMA:
Por quê?

LALÁ:
Ele tem noção dessa realidade?

ALMA:
Lalá, é o que temos agora, não complica...

LALÁ:
Debater é complicar?

ALMA:
Por favor... [*para todos*] Vamos? Ok... silêncio, equipe. Concentração! *O jardim das cerejeiras*. Ato 3. Lopákhin. Ação!

Alma filma com o celular. Otto lê o texto com intensidade, alternando momentos de muita verdade com outros de canastrice. Ao final do texto, a cena ganha uma verdade inusitada, potente. Otto acaba revelando suas emoções. (Depois de algum tempo falando, Otto pode largar o texto, e falar como se tivesse decorado.)

OTTO/LOPÁKHIN:
"Eu comprei! Esperem, senhores, por favor, minha cabeça está entorpecida... [*ri*] Chegamos ao leilão, Dierigánov já estava lá.

Leonid Andréievitch tinha só 15 mil e Dierigánov ofereceu logo trinta mil, além da dívida. Vi que a situação era séria, cobri o lance, dei quarenta. Ele deu 45. Eu dei 55. Ele aumentava cinco e eu, dez... Pois bem, chegou ao fim. Dei um lance de 90 mil e ficou para mim! Agora o jardim das cerejeiras é meu!... meu! Digam-me que estou bêbado, que estou louco, que tudo isso é uma fantasia... [*sapateia*] Não riam de mim!"

Alma se movimenta com a câmera conduzindo Otto, fazendo com que seja possível que Isadora vá para a cozinha sem que ele a veja. Isadora sai de cena.

OTTO/LOPÁKHIN:
"Eu comprei a propriedade onde meu avô e meu pai foram escravos, onde não deixavam que eles entrassem nem na cozinha. Eu vou dormir, isso tudo é só um delírio, é só uma miragem... Ei, músicos, toquem! Vamos construir casas de veraneio aqui... Venham todos ver como Ermolai Lopákhin derruba com o machado o jardim das cerejeiras, vejam como as árvores vão tombar!... Música, toquem!... derrubaremos tudo! Derrubaremos tudo!"

Alma aplaude entusiasticamente. Otto agradece. Caminha pelo apartamento, vitorioso.

ALMA:
Bravo! Bravo!

OTTO:
Não falei!?... Não falei!?... Eu vou fazer essa peça! Que prazer atuar, eu poderia ser um ator!... Quanto tempo eu perdi!

ALMA:
Foi inacreditável... deve ser a convivência comigo...

LALÁ:
Não acho que esse papel é para você, mas você tem muito talento... por que você não larga a polícia e vai trabalhar de ator?

OTTO:
Eu vou fazer isso! Eu preciso de paz! Paz! Eu não vou morrer mais na rua! Obrigado, Alma... Ué, cadê a Isadora?

ALMA:
Desceu para fumar um cigarro...

LALÁ:
Ela viajou.

OTTO:
Viajou para onde?

ALMA:
Foi para um congresso, Otto... não me explicou quase nada... mas pediu para te entregar essa carta.

Alma entrega o envelope para Otto, que abre a carta.

ALMA:
Você poderia ler em voz alta?

OTTO:
[*lê*] "Otto, me desculpa. Acho que é o fim... não sou muito boa com palavras. Mas gravei uma música para expressar os meus sentimentos. Mandei para o seu WhatsApp."

Ele pega o celular e abre o WhatsApp.

Começa a tocar o instrumental da música "Meu mundo e nada mais", de Guilherme Arantes. Os três se juntam para ouvi-la. Isadora canta ao vivo em algum lugar do palco.

ISADORA:
[*canta*]
Quando eu fui ferido
Vi tudo mudar
das verdades que sabia
Só sobraram restos
Que eu não esqueci
Toda aquela paz que eu tinha

Otto vai se afastar, Alma segura no braço dele, para ele escutar mais. Isadora canta com bastante intensidade.

ISADORA:
Eu que tinha tudo hoje estou mudo
estou mudado
à meia-noite, à meia-luz,
Pensando!
Daria tudo, por um modo
de esquecer

OTTO:
Já entendi! Já entendi!

Otto desliga a música.

A luz sobre Isadora se apaga.

OTTO:
Isso significa que ela quer se separar?

Otto fica em silêncio, transtornado. Ele ouve um grito distante, desta vez vindo da portaria, embaixo da janela da sala.

VOZ:
Vasssssscooooo!

Ele vai até a janela.

OTTO:
[*grita*] Meeeengooooooo!

Ouvimos uma voz distante.

VOZ:
É Vascooooo! Fora urubuuuuuuuuu!!!

Otto grita para baixo.

OTTO:
Cala a boca, bacalhau! Volta pra China, dois pauzinho!

VOZ:
Cala a boca você, veado!!!

OTTO:
O quê? [*para elas*] Ele me chamou de veado?

ALMA:
Não...

VOZ:
Urubu boiola!... Veadão!

OTTO:
Eu vou matar esse cara... [*na janela*] Tô descendo! Fica aí, se tu é homem!

Otto procura o revólver.

ALMA:
Calma, Otto, não vai fazer bobagem...

OTTO:
Para onde a Isadora foi?

ALMA:
Eu não sei... Otto, isso tudo vai passar!

VOZ:
[*off*] Vasco!

OTTO:
Esses imigrantes de merda... eles vão ver! Vão voltar para o buraco de onde vieram!

ALMA:
Otto, eles nasceram aqui! O nome dele é Jaime. Já é uma segunda geração de chin... [*corrige*] de brasileiros!

LALÁ:
Mesmo se fosse a primeira. Onde você tá com a cabeça, cara? Vocês enlouqueceram?

ALMA:
Eu já conversei com o Jaime no elevador! Ele me deu até um pastel de nata!

Otto acha o revólver.

ALMA:
Larga esse revólver!

Otto sai do apartamento.

ALMA:
Não estou acreditando...

LALÁ:
Ele vai atirar!

ALMA:
[*nervosa*] O que a gente faz?!

LALÁ:
Ele desceu para atirar...

ALMA:
Ele não faria isso.

LALÁ:
Melhor ligar pra portaria!

ALMA:
O Otto é ator da peça, não pode matar ninguém. Se ele for preso não tem *Jardim das cerejeiras*... Que vida é essa, gente? [*corre até a janela*] Lopákhin! [*corrige*] Otto!!! Otto!!!... Não faz bobagem!... A Isadora foi para Petrópolis!... Não vai destruir sua vida por causa de um jogo de futebol!... Jaime! Jaime! Sai daí!... [*para Lalá*] Eu vou lá!

Ouvimos uma discussão entre Otto e Jaime. As falas são distorcidas, com ruídos estranhos. Outras vozes entram. A discussão vai num crescente, até um momento em que pausa. Alma e Lalá acompanham da janela.

LALÁ:
Ele vai atirar!

Silêncio. Suspense. Elas olham para baixo.

O silêncio continua. Elas se olham. Olham novamente para baixo. Saem da janela.

Andam pelo apartamento, reflexivas.

Um tempo.

Barulho no corredor. Otto entra no apartamento com a arma na mão, abaixada.

Ele se senta no sofá, exausto.

Alma se senta ao lado dele.

ALMA:
Que bom... que você não atirou...

OTTO:
... O revólver... não atirou... ... o revólver... estava sem bala...

Um tempo.

Alma sente algo incomodando-a. Coloca a mão debaixo do bumbum e percebe que se sentou sobre algo. Ela mostra uma bala de revólver.

ALMA:
Uma bala...

Procura no sofá e acha as outras balas.

ALMA:
As balas... estão aqui...

OTTO:
Foi você que tirou?

ALMA:
Não...

Tempo.

ALMA:
Foi o Tchekhov... o Tchekhov tirou as balas do revólver...

Otto olha para ela, desconfiando de que foi ela quem tirou as balas. Ele se levanta e caminha para o quarto.

ALMA:
O Tchekhov te salvou, Otto!... [*para Lalá*] Ele não acredita... Otto, o Tchekhov salvou a vida de vocês...

Otto se fecha no quarto.

Tempo.

ALMA:
Engraçado... tive uma intuição agora... Acho que eu nunca vou conseguir montar *O jardim das cerejeiras*...

LALÁ:
Vai sim, Alma.

Elas ouvem o som de uma sirene de polícia.

O som para.

Um tempo.

ALMA:
"Ah, meu querido, meu adorado e lindo jardim!... Minha vida, minha mocidade, minha felicidade, adeus!... Adeus!"

LALÁ:
"Adeus!..."

As duas brincam, com entonações diferentes.

LALÁ e ALMA:
"Adeus!" / "Adeus!" / "Adeus!" / "Adeus!"...

Alma se levanta.

ALMA:
Vou no playground... ver se brotou alguma cereja no jardim... Dica aí... descansa um pouco...

LALÁ:
Não demora...

ALMA:
"Adeus!..."

Alma sai de cena, lentamente.

Lalá fica sozinha no palco.

Um tempo.

LALÁ:
[*para si*] "E se pudéssemos começar a vida de novo e o fizéssemos de modo consciente? E se a vida cumprida fosse uma espécie de rascunho e a outra — a nova — o texto passado a limpo? Imagino então que todos nós nos esforçaríamos, antes de mais nada, para não nos repetirmos..."

Lalá abre o livro com o texto de O jardim das cerejeiras.
Ela lê para o público.

LALÁ:
"Ouve-se um som distante, como se viesse do céu, o som da corda de um instrumento que arrebenta, e o som vai desaparecendo, triste...
    Começa o silêncio.
    E só se ouvem, no jardim, as batidas de um machado numa árvore...
    Blecaute."

A luz vai caindo.

EPÍLOGO

A luz sobe. Sons de rua.

Ponto de ônibus na rua da Passagem. Tchekhov está com seu caderninho, esperando.

Alma aparece, segurando uma mala.

ALMA:
Tchekhov!

TCHEKHOV:
Alma!

ALMA:
Que bom, achei que nunca mais ia te ver!

TCHEKHOV:
Eu também achei que nunca mais ia te ver...

ALMA:
Você não ia voltar para a Rússia?

TCHEKHOV:
Estou tentando...

ALMA:
O que aconteceu?

TCHEKHOV:
Me falaram para esperar o ônibus que vai para o porto, para o aeroporto, aqui. Mas não passa nunca...

ALMA:
Acho que esse ônibus nem existe mais... Por que você não pega um táxi?

TCHEKHOV:
Me disseram que é caro...

Eles se olham.

ALMA:
Que bom que esse ônibus não passa nunca... Não quer ir tomar uma cervejinha e conversar?

TCHEKHOV:
Preciso voltar para a Rússia, Alma.

Pequeno tempo.

TCHEKHOV:
Cervejinha onde?

ALMA:
Na Lapa?

Tempo.

ALMA:
Sabe, se a nossa história fosse uma peça de teatro, e eu fosse a autora, a peça terminaria assim... com você adiando sua viagem e nós dois indo para a Lapa...

TCHEKHOV:
É?

ALMA:
... Uma comédia.

Eles se olham.

TCHEKHOV:
E qual seria a última fala?

Alma pensa. Ouvimos o som de vento. Alma fala no ouvido dele, mas não conseguimos ouvir o que ela diz. Tchekhov sorri.

TCHEKHOV:
É um grande final, Alma...

Eles se levantam. Se olham. E saem de cena.

A mala de Alma fica sozinha no palco.

Começa a tocar "O sol nascerá (a sorrir)", de Candeia, na voz de Cartola.

A luz vai caindo lentamente.

FIM

Pedro Brício, dramaturgo insubmisso

Pedro Brício é um autor que evoca, de modo dessacralizado, alguns dos mais importantes dramaturgos clássicos. Em *Um jardim para Tchekhov*, essa particularidade está estampada no título. Brício não louva Tchekhov, não adota a tradicional postura submissa diante desse grande nome da dramaturgia, mas se coloca "ao lado" dele.

Em suas peças, que transitam por gêneros variados, Brício aborda questões específicas das obras de autores emblemáticos como Shakespeare, Molière e, claro, Tchekhov. Os assuntos, porém, transcendem períodos delimitados: os quiproquós amorosos dos jovens na contramão dos interesses dos pais, a tenacidade diante de realidades repletas de barreiras, a sensação de falta de pertencimento em conjunturas amargas e o equilíbrio entre a natureza lúdica da imaginação e a sombra ameaçadora da morte.

Em *Um jardim para Tchekhov*, a proximidade informal com o dramaturgo russo se dá de maneira literal dentro de uma situação proposta no desenrolar da história. A partir de dado momento, Anton Tchekhov se materializa na frente de Alma Duran, atriz decidida, apesar de todas as adversidades, a encenar *O jardim das cerejeiras*. Deslocado em meio ao clima tropical e ao caos imperante no Rio de Janeiro, Tchekhov "aparece" diante de Alma e "interage" com ela.

A presença de Tchekhov como personagem não é a única conexão possível entre essas duas peças de tempos históricos diferentes — uma gestada no início do século XX e outra, no aqui/agora. Como nas peças de Tchekhov, neste texto de Brício os personagens parecem estar em sintonias distintas. Estabelecem diálogos, o que não significa que se comuniquem de fato.

Alma não enxerga nada além de sua necessidade de retornar aos palcos interpretando Liuba, a protagonista da peça de Tchekhov. A filha, Isadora, lida com os excessos da mãe em meio à atribulada rotina num hospital. Seu casamento com Otto está abalado. Ele externa incômodo no convívio com a sogra e assiste a jogos de futebol que rendem explosivos embates com o vizinho. E Lalá é uma estudante de teatro que começa a ter aulas com Alma e se envolve menos com a obra de Tchekhov do que a professora gostaria.

Espelho da Liuba de *O jardim das cerejeiras*, Alma é uma aristocrata que perdeu seu dinheiro. No caso de Alma, a falência se deve a uma razão nobre: o investimento nos próprios projetos teatrais. Mas, como Liuba, Alma é mais ativa do que alguns personagens menos privilegiados sob perspectiva econômica. Ela tem um propósito artístico e toma atitudes (às vezes, questionáveis) para concretizá-lo. Inconformada, Alma não esmorece diante da realidade desfavorável. Não abre mão da praticidade. Nesse sentido, não tem parentesco com a Blanche Dubois de *Um bonde chamado Desejo*, de Tennessee Williams. Já os rompantes de delírio diminuem as distâncias entre ambas.

O delírio é a chave do elo que Alma firma com Tchekhov, conforme esclarecido numa fala da peça ("O seu Antônio me disse que ela fica falando sozinha no playground", relata Isadora). Os personagens imaginários que eclodem no texto — Tchekhov e sua esposa, a atriz Olga Knipper — remetem às peças autobiográficas de Mauro Rasi, especialmente *A cerimônia do adeus*, a julgar pela Simone de Beauvoir e pelo Jean-Paul Sartre que existem dentro da cabeça do protagonista Juliano, mas surgem em cena corporificados.

Produto da mente de Alma, o fantasioso Tchekhov desponta no cotidiano. Antes dele, nas peças de Brício, outras figuras geradas nos mundos interiores dos personagens irromperam como se fossem de carne e osso, a exemplo do comediante Totorito, que "morava" no armário do quarto de Sábato, o protagonista de *Cine-teatro limite*. A oscilação entre a realidade e o devaneio marca mais textos de Brício, como *A outra cidade*, em que o adolescente e aspirante a escritor Valentin é assombrado pela mãe morta, Ariela.

Com constância, a ficção — ou o desvario — ganha espaço crescente no desenvolvimento dos textos de Brício. É o que ocorre em *Me salve, musical!*, peça em que os personagens, a partir de certo instante, passam a ser contaminados pelo vírus da felicidade. Esse texto, inclusive, tinha uma Alma Duran atriz e dona de personalidade intensa. A Alma da peça anterior tendia à tragédia, enquanto a atual frisa uma ligação inquebrantável com os dramas de Tchekhov — na verdade, comédias, segundo o próprio dramaturgo, classificação que costuma provocar estranheza. Em *Um jardim para Tchekhov*, Brício traz à tona essa polêmica, uma das razões das divergências entre Tchekhov e o diretor Constantin Stanislavski. Um confronto potencializado pela obsessão naturalista de Stanislavski, que concebia a cena como um "ateliê de minúcias".

Seja como for, os personagens de Brício são descolados do real e, por isso, deslocados em relação ao meio que os cerca. É a condição de Alma, praticamente solitária em seu desejo de montar a peça de Tchekhov. E de Sábato, que, motivado pelas chanchadas da Atlântida, entra em conflito direto com o pai, que simboliza uma visão pragmática da vida. "Não sei, às vezes eu... eu tenho esse sentimento de... de estar sempre no lugar errado, no tempo errado... como um descompasso... um samba atravessado", constata Sábato. É difícil não lembrar do Juliano de *A cerimônia do adeus*, mergulhado em atrito passional com a mãe, Aspázia, mulher destituída de ambições culturais, oposta ao descortinar de novos horizontes representado por Sartre e Beauvoir, símbolo do convencional cotidiano de uma cidade de porte reduzido.

Como Rasi, Brício destaca o procedimento do contraste. É algo que pode ser detectado no contraponto entre o jardim das cerejeiras descrito na peça de Tchekhov e o inóspito playground do Condomínio Morada do Sol (localizado em Botafogo, no Rio de Janeiro), onde Alma ensaia e "dialoga" com Tchekhov. A discrepância entre a ambientação da Rússia do início do século XX, contexto de *O jardim das cerejeiras*, e o Brasil dos dias atuais aproxima essa peça, mesmo que longinquamente, dos saudosos esquetes do besteirol. A conversa com esse "gênero" de sucesso nos palcos brasileiros (em especial, no Rio de Janeiro) entre meados da década de 1970 e a segunda metade dos anos 1980 é sugerida ainda pela inclusão de referências diversas — característica, aliás, que perpassa a obra de Brício.

Um jardim para Tchekhov, contudo, é uma peça fincada no presente. A "ação" acontece num Rio de Janeiro dominado por tiroteios. Há a ausência de segurança e a fragilidade a que estão sujeitos os artistas — pelo menos, no que diz respeito ao teatro, considerando os obstáculos enfrentados por Alma e pelo produtor Nildo para viabilizar a encenação de *O jardim das cerejeiras*.

Numa passagem da peça, Nildo avisa Alma que a verba para a montagem depende da escalação de um ator identificado com a causa armamentista, circunstância que suscita vínculo com o Brasil recente. Brício também transporta para hoje um tópico da dramaturgia de Tchekhov, principalmente em *Tio Vânia*: a consciência ecológica, proclamada pelo médico Astrov. Não dá para deixar de articular com as queimadas que vêm assolando o território brasileiro. E até nas peças localizadas no passado — como *A incrível confeitaria do Sr. Pellica*, no século XVIII, e *Cine-teatro limite*, no final da Segunda Guerra Mundial —, o panorama de crise se impõe.

Mas os focos temáticos não dizem tudo sobre os textos de Brício. Cabe chamar atenção para a construção dramatúrgica. O modo como algumas de suas peças são estruturadas influencia nas concepções cênicas. Em *Trabalhos de amores quase perdidos*, Brício insere uma nota inicial informando que "os atores são, ao mesmo tempo, os personagens e os narradores da história" e "nem sempre aquilo que é narrado é executado pelos atores", que "eventualmente interpretam outros personagens". Em *Um jardim para Tchekhov* há indicações de que dado/a ator/atriz fica encarregado/a de interpretar mais de um personagem (e como as duplicações devem se dar). Essas sinalizações extrapolam o plano puramente dramatúrgico. Talvez porque a escrita de Brício seja atravessada por seu trabalho como diretor, pela prática do palco.

Daniel Schenker
Crítico teatral, jornalista e professor

CIP-BRASIL. CATALOGAÇÃO NA PUBLICAÇÃO
SINDICATO NACIONAL DOS EDITORES DE LIVROS, RJ

B861j

Brício, Pedro, 1972-

Um jardim para Tchekhov / Pedro Brício. - 1. ed. - Rio de Janeiro : Cobogó, 2024.

128 p. ; 19 cm. (Dramaturgia)

ISBN 978-65-5691-154-0

1. Teatro brasileiro. I. Título. II. Série.

24-94633   CDD: 869.2
                CDU: 82-2(81)

Meri Gleice Rodrigues de Souza - Bibliotecária - CRB-7/6439

© Editora de Livros Cobogó, 2024

Editora-chefe
Isabel Diegues

Editora
Aïcha Barat

Coordenação de produção
Melina Bial

Assistente de produção
Priscilla Kern

Revisão final
Carolina Falcão

Projeto gráfico de miolo e diagramação
Mari Taboada

Capa
Felipe Braga

Nenhuma parte desta obra pode ser reproduzida, adaptada, encenada, registrada em imagem e/ou som, ou transmitida de nenhuma forma ou por nenhum meio, sem a permissão expressa e por escrito da Editora Cobogó.

Todos os direitos reservados à
Editora de Livros Cobogó Ltda.
Rua Gen. Dionísio, 53, Humaitá
Rio de Janeiro – RJ – Brasil – 22271-050
www.cobogo.com.br

COLEÇÃO DRAMATURGIA

ALGUÉM ACABA DE MORRER LÁ FORA, de Jô Bilac

NINGUÉM FALOU QUE SERIA FÁCIL, de Felipe Rocha

TRABALHOS DE AMORES QUASE PERDIDOS, de Pedro Brício

NEM UM DIA SE PASSA SEM NOTÍCIAS SUAS, de Daniela Pereira de Carvalho

OS ESTONIANOS, de Julia Spadaccini

PONTO DE FUGA, de Rodrigo Nogueira

POR ELISE, de Grace Passô

MARCHA PARA ZENTURO, de Grace Passô

AMORES SURDOS, de Grace Passô

CONGRESSO INTERNACIONAL DO MEDO, de Grace Passô

A PRIMEIRA VISTA | IN ON IT, de Daniel MacIvor

INCÊNDIOS, de Wajdi Mouawad

CINE MONSTRO, de Daniel MacIvor

CONSELHO DE CLASSE, de Jô Bilac

CARA DE CAVALO, de Pedro Kosovski

GARRAS CURVAS E UM CANTO SEDUTOR, de Daniele Avila Small

OS MAMUTES, de Jô Bilac

INFÂNCIA, TIROS E PLUMAS, de Jô Bilac

NEM MESMO TODO O OCEANO, adaptação de Inez Viana do romance de Alcione Araújo

NÔMADES, de Marcio Abreu e Patrick Pessoa

CARANGUEJO OVERDRIVE, de Pedro Kosovski

BR-TRANS, de Silvero Pereira

KRUM, de Hanoch Levin

MARÉ/PROJETO BRASIL, de Marcio Abreu

AS PALAVRAS E AS COISAS, de Pedro Brício

MATA TEU PAI, de Grace Passô

ÃRRÃ, de Vinicius Calderoni

JANIS, de Diogo Liberano

NÃO NEM NADA, de Vinicius Calderoni

CHORUME, de Vinicius Calderoni

GUANABARA CANIBAL, de Pedro Kosovski

TOM NA FAZENDA, de Michel Marc Bouchard

OS ARQUEÓLOGOS, de Vinicius Calderoni

ESCUTA!, de Francisco Ohana

ROSE, de Cecilia Ripoll

O ENIGMA DO BOM DIA, de Olga Almeida

A ÚLTIMA PEÇA, de Inez Viana

BURAQUINHOS OU O VENTO É INIMIGO DO PICUMÃ, de Jhonny Salaberg

PASSARINHO, de Ana Kutner

INSETOS, de Jô Bilac

A TROPA, de Gustavo Pinheiro

A GARAGEM, de Felipe Haiut

SILÊNCIO.DOC, de Marcelo Varzea

PRETO, de Grace Passô,
Marcio Abreu e Nadja Naira

MARTA, ROSA E JOÃO, de Malu Galli

MATO CHEIO, de Carcaça
de Poéticas Negras

YELLOW BASTARD,
de Diogo Liberano

SINFONIA SONHO,
de Diogo Liberano

SÓ PERCEBO QUE ESTOU
CORRENDO QUANDO VEJO QUE
ESTOU CAINDO, de Lane Lopes

SAIA, de Marcéli Torquato

DESCULPE O TRANSTORNO,
de Jonatan Magella

TUKANKÁTON + O TERCEIRO
SINAL, de Otávio Frias Filho

SUELEN NARA IAN,
de Luisa Arraes

SÍSIFO, de Gregorio Duvivier
e Vinicius Calderoni

HOJE NÃO SAIO DAQUI,
de Cia Marginal e Jô Bilac

PARTO PAVILHÃO,
de Jhonny Salaberg

A MULHER ARRASTADA,
de Diones Camargo

CÉREBRO_CORAÇÃO,
de Mariana Lima

O DEBATE, de Guel Arraes
e Jorge Furtado

BICHOS DANÇANTES,
de Alex Neoral

A ÁRVORE, de Silvia Gomez

CÃO GELADO, de Filipe Isensee

PRA ONDE QUER QUE EU
VÁ SERÁ EXÍLIO,
de Suzana Velasco

DAS DORES, de Marcos Bassini

VOZES FEMININAS — NÃO EU,
PASSOS, CADÊNCIA,
de Samuel Beckett

PLAY BECKETT — UMA PANTOMIMA
E TRÊS DRAMATÍCULOS (ATO SEM
PALAVRAS II | COMÉDIA/PLAY |
CATÁSTROFE | IMPROVISO DE OHIO),
de Samuel Beckett

MACACOS — MONÓLOGO
EM 9 EPISÓDIOS E 1 ATO,
de Clayton Nascimento

A LISTA, de Gustavo Pinheiro

SEM PALAVRAS, de Marcio Abreu

CRUCIAL DOIS UM, de Paulo Scott

MUSEU NACIONAL
[TODAS AS VOZES DO FOGO],
de Vinicius Calderoni

KING KONG FRAN
de Rafaela Azevedo e Pedro Brício

PARTIDA, de Inez Viana

AS LÁGRIMAS AMARGAS
DE PETRA VON KANT,
de Rainer Werner Fassbinder

AZIRA'I — UM MUSICAL DE
MEMÓRIAS, de Zahỳ Tentehar
e Duda Rios

SELVAGEM, de Felipe Haiut

DOIS DE NÓS,
de Gustavo Pinheiro

COLEÇÃO DRAMATURGIA ESPANHOLA

A PAZ PERPÉTUA, de Juan Mayorga | Tradução Aderbal Freire-Filho

ATRA BÍLIS, de Laila Ripoll | Tradução Hugo Rodas

CACHORRO MORTO NA LAVANDERIA: OS FORTES, de Angélica Liddell | Tradução Beatriz Sayad

CLIFF (PRECIPÍCIO), de José Alberto Conejero | Tradução Fernando Yamamoto

DENTRO DA TERRA, de Paco Bezerra | Tradução Roberto Alvim

MÜNCHAUSEN, de Lucía Vilanova | Tradução Pedro Brício

NN12, de Gracia Morales | Tradução Gilberto Gawronski

O PRINCÍPIO DE ARQUIMEDES, de Josep Maria Miró i Coromina Tradução Luís Artur Nunes

OS CORPOS PERDIDOS, de José Manuel Mora | Tradução Cibele Forjaz

APRÈS MOI, LE DÉLUGE (DEPOIS DE MIM, O DILÚVIO), de Lluïsa Cunillé | Tradução Marcio Meirelles

COLEÇÃO DRAMATURGIA FRANCESA

É A VIDA, de Mohamed El Khatib | Tradução Gabriel F.

FIZ BEM?, de Pauline Sales | Tradução Pedro Kosovski

ONDE E QUANDO NÓS MORREMOS, de Riad Gahmi | Tradução Grupo Carmin

PULVERIZADOS, de Alexandra Badea | Tradução Marcio Abreu

EU CARREGUEI MEU PAI SOBRE MEUS OMBROS, de Fabrice Melquiot | Tradução Alexandre Dal Farra

HOMENS QUE CAEM, de Marion Aubert | Tradução Renato Forin Jr.

PUNHOS, de Pauline Peyrade | Tradução Grace Passô

QUEIMADURAS, de Hubert Colas | Tradução Jezebel De Carli

COLEÇÃO DRAMATURGIA HOLANDESA

EU NÃO VOU FAZER MEDEIA, de Magne van den Berg | Tradução Jonathan Andrade

RESSACA DE PALAVRAS, de Frank Siera | Tradução Cris Larin

PLANETA TUDO, de Esther Gerritsen | Tradução Ivam Cabral e Rodolfo García Vázquez

NO CANAL À ESQUERDA, de Alex van Warmerdam | Tradução Giovana Soar

A NAÇÃO — UMA PEÇA EM SEIS EPISÓDIOS, de Eric de Vroedt | Tradução Newton Moreno

2024
———————
1ª impressão

Este livro foi composto em Calluna.
Impresso pela IMOS Gráfica e Editora,
sobre papel Pólen Natural 80g/m².